C·H·Beck
PAPERBACK

Olaf Sundermeyer

Gauland

Die Rache des alten
Mannes

C.H.Beck

Originalausgabe

© Verlag C.H.Beck oHG, München 2018
Satz: Fotosatz Amann, Memmingen
Druck und Bindung: Druckerei Pustet, Regensburg
Umschlaggestaltung: Geviert, Grafik & Typografie,
Christian Otto
Umschlagabbildung: Porträtfoto Gauland © Stefan
Thomas Kroeger / laif
Gedruckt auf säurefreiem, altersbeständigem Papier
(hergestellt aus chlorfrei gebleichtem Zellstoff)
Printed in Germany
978 3 406 72710 8

www.chbeck.de

Für Agnes

Inhalt

1. Lotse der Bewegung

Gauland hat das rechte Lager bis zu dem Punkt geführt, an dem aus dem Traum von der Machtübernahme ein Szenario wurde

Endlich steht er auf der großen Bühne vor dem Brandenburger Tor. Im Blick die Siegessäule, obenauf die golden glänzende Viktoria, eingerahmt vom satten Himmelsblau. Hinter ihm marschieren Polizisten in schwerer Montur durch die Säulen des Triumphtors. Sie drängen die Tausenden zurück auf den Pariser Platz, die gekommen sind, um ihn auszupfeifen, seine Botschaft zu übertönen. Weil sie die Zwietracht fürchten, die er sät zwischen denen, die er zu Deutschen erklärt, und allen anderen. Weil er denen eine starke politische Stimme gibt, die sich fremd im eigenen Land fühlen, deren Angst in Wut umgeschlagen ist. Sie sind es, die er in diesem Augenblick vor sich sieht: Menschen, die Deutschlandfahnen schwenken, eine wogende Masse vor der Siegesgöttin mit ihrem Lorbeerkranz in der einen Hand und dem Eisernen Kreuz in der anderen. Im Kopf erklingt dazu die preußische Volkshymne: *Heil dir im Siegerkranz /... die hohe Wonne ganz / Liebling des Volks zu sein!*

In diesem Bild verdichtet sich eine Momentaufnahme der Nation, so wie er sie sich zurückwünscht. Für diesen Traum will er Hitler und die Nationalsozialisten endlich vergessen machen. Diese zwölf Jahre waren, verkündet er, nicht mehr als ein «Vogelschiss» in über 1000 Jahren erfolgreicher deutscher Geschichte. Deshalb sei es gut, dass der Schatten Hitlers hierzulande endlich verblasst.[1] Alexander Gauland will sich Weltkrieg und Völkermord nicht mehr vorhalten lassen, behauptet deshalb, sie beträfen die Identität der Deutschen nicht mehr.[2] Er sieht die jubelnden Menschen vor der Bühne deshalb im Recht, sich ihr Land zurückzuholen und die Vergangenheit nach den eigenen Vorstellungen zu zeichnen. Deshalb sind sie alle hier, sie wollen dabei sein, wenn er dieses Recht einfordert und Stück für Stück durchsetzt. Im Bundestag, auf der Straße, im Fernsehen. Sie wollen sich bei ihm das Wir-gegen-die-Gefühl abholen, er soll ihr Deutschlandbewusstsein stärken, wenn er gleich wieder vom Europa der Vaterländer spricht und «Deutschland den Deutschen» meint.

Bei 30 Grad Hitze wischt er sich mit einem Taschentuch den Schweiß von der Stirn und nestelt sein Redemanuskript aus der Innentasche der Tweedjacke. Darunter das nasse Hemd, den obersten Knopf geöffnet. Heute keine Krawatte. Es ist ungewöhnlich heiß in diesem Frühsommer. Aber er mag das Licht und die Wärme. Sie hellen sein Gemüt auf. Gauland hat einen anstrengenden Tag vor sich. Abends wird er noch drüben in Adlershof als Studiogast bei Anne Will über das Thema sprechen, dem er so viel zu verdanken hat: die Flüchtlingskrise, ohne die sich all das hier nicht zutragen würde. Der Glücksfall, der ihn berühmt gemacht hat, seinen Namen und sein Gesicht. Dieses großflächige wächserne Antlitz, die wässrigen blauen Augen, die leicht gekrümmte römische Nase. Jetzt streicht er sich das lichte, klatschnasse Haar mit der flachen Hand in Strähnen über den Kopf. Gleich ist er dran. Noch klingt die Stimme seines Vorredners über den Platz, verhallt dort wirkungslos. Seine Vorstandskollegin Beatrix von Storch ist längst schon durch. Sie läuft in ihrer weißen Jeanshose hibbelig am Bühnenrand entlang und fährt die Menge mit der Kamera ihres Smartphones ab, mit dem sie seit Jahren die Welt betrachtet. Gaulands Welt dagegen ist das, was er wirklich vor sich sieht. Er verschränkt die Hände auf seinem Bauch und wartet ab. Sein Herz ist schwach, es hat ihm schon einmal den Dienst versagt. Sein Arzt sagt, er solle Situationen wie diese unbedingt meiden. Der Arzt sagt auch, dass er nicht so viel Wein trinken soll. Seine Tochter sagt ihm das ständig. Manchmal, wenn es wieder zu viel Rosé war, verpetzt sie ihn sogar bei seinem Arzt, einem alten Bekannten, der die ganze Familie behandelt. Sie sagt auch, dass er endlich aufhören solle, die Menschen aufzuhetzen. Aber er hört nicht auf seinen Arzt, auch nicht auf seine Tochter. Nicht beim Wein und nicht beim Hetzen. Gauland hört auf niemanden mehr.

Er ist weit weg von den Menschen, die ihm früher wichtig waren. Hat sie hinter sich gelassen. Sie fühlen sich von diesem Alexander Gauland abgestoßen, die alten Freunde, die Familie seiner Ehefrau, alte politische Weggefährten. Für seine neuen Parteigänger ist er die Identifikationsfigur und das alterskluge Gesicht der Bewegung. Der Lotse, ohne den diese Bewegung nicht bis zu dem Punkt gekommen wäre, an dem sie das Land verändert hat. Die Politik, die Stimmung, die Gesellschaft. Andere sehen in ihm den «Gauleiter», den «Nazi-Opa», für sie ist sein Gesicht eine Provokation. Beides, Bewunderung und Ablehnung, geben ihm das Gefühl der Anerkennung und Wertschätzung: Es erfüllt ihn wie eine Droge.

Auch in diesem Moment kriecht dieses Gefühl durch seinen alten schweren Körper, dringt bis zu seiner kranken Seele vor. An Tagen wie diesem vergisst er seine schwere Depression, hat er keine Magenschmerzen. Die Droge macht ihn schmerzfrei, lässt ihn diese Ochsentour ertragen. Er ist der letzte von acht Rednern. Einer rief ihn gar zum kommenden Bundeskanzler aus. Dazu verzog er missbilligend die Miene.

Die große Anerkennung und Bewunderung, die seine Anhänger ihm entgegenbringen, verstellen ihm nicht den Blick auf die Realität. Darin unterscheidet er sich von vielen der Menschen, die ihn seit einiger Zeit umgeben und den Platz derjenigen eingenommen haben, die er in seinem alten Leben zurückgelassen hat. Gauland hat seine Menschen ausgetauscht.

Eine Stunde dauerte der Fußmarsch, den er in sengender Mittagshitze an der Spitze des Demonstrationszugs bis hierher angeführt hat. Zehntausende Menschen um ihn herum, die wütend sind, pfeifen, jubeln. «Ganz Berlin hasst die AfD» schreien die einen, «Volksverräter» und «Lügenpresse» die anderen. Dazwischen Polizisten zu Pferd, andere zu Fuß, das Visier vor den Gesichtern. Es weht ein Hauch von Weimarer Republik durch das Regierungsviertel, dazu der beißende Gestank von Reizgas. Alles dreht sich um Gauland, die Boote auf der Spree mit den riesigen Lautsprechern, der wummernden Technomusik und den tanzenden Gegendemonstranten an Deck, der Polizeihubschrauber, die Dutzenden Kamerateams, die immer wieder ihn suchen. Den körperlichen Mittelpunkt dieser Kakophonie. Sein Gesicht, auf das sich alles fokussiert, wird später in den Abendnachrichten um 20 Uhr in der ARD das Aufmacherbild.

Zurück zum Nachmittag am Brandenburger Tor: Nach drei Stunden ist es endlich so weit. Er wird angekündigt wie von einem Ringsprecher vor dem großen Kampf: «Uuund zum Schluss der Höhepunkt – Aaaalexander Gauland!» Die Menge skandiert «Gauland! Gauland! Gauland!». Dann legt er los mit heiserer Stimme: «Unsere Kinder, unser Land, unsere Zukunft!» Jubel, Fahnenschwenken. Wenn ihn seine Tochter jetzt sehen würde, die Pastorin mit der Überzeugung, dass alle Menschen gleich sind, was würde sie denken? «Die erspart sich meine Auftritte», hat er vorher lapidar gesagt. Aber an diesem hier wird sie kaum vorbeikommen, überall ist er zu sehen: im Fernsehen, in der Zeitung, im Internet, auf den Bildschirmen in der U-Bahn.

«Der Unterschied zu den Konsensparteien ist – sie lieben unser Land nicht!» So erklärt er Politiker unter lautem Jubel zu Volksverrätern, wiederholt seine Botschaft, damit sie verfängt: «Sie lieben die Fremden, nicht uns, nicht die Deutschen, denen dieses Land gehört. Sie lieben nicht dieses Land, nicht das deutsche Volk und nicht seine Geschichte.» Mit solchen Sätzen erreicht er die Seele der Partei. Das ist sein Ausdruck für eine gelungene Ansprache vor den eigenen Leuten. Alle anderen erklärt er zu Feinden. Nicht direkt, das ist nicht sein Stil. Die letzte Schlussfolgerung überlässt er stets seinen Zuhörern. Also denen, die hier und jetzt «Volksverräter!» skandieren. Gauland hat es ihnen in den Mund gelegt. Das ist seine Art, sich als Redner aus der Verantwortung zu stehlen. So hat er es schon immer gemacht. Auch früher, als er noch für andere die Reden schrieb. Jetzt tut er es für sich und nutzt sein vor langer Zeit erlerntes Handwerk, den gekonnt manipulativen Umgang mit der deutschen Sprache, als Waffe bei der Jagd auf die anderen. Wenn er sie zur Hand nimmt, dann trifft er auch. «Deutschland schafft sich nicht ab, solange wir den Deutschlandabschaffern im Nacken sitzen.» Jubel, Applaus, Pfiffe.

Nur wenige Meter vom ihm entfernt wird ein anderer alter Mann von einem wütenden Mob als «Volksverräter» beschimpft und bedrängt. Zwei zufällig anwesende Kamerateams schützen ihn. Wolfgang Thierse ist wie Gauland ein Kriegskind, geboren in Breslau, er hat schon viel erlebt. Aber der Hass, der ihm hier entgegenschlägt, erschüttert den ehemaligen Bundestagspräsidenten. Gauland ist mitverantwortlich für diesen Hass. Ebenso für die Angriffe auf Bürgermeister, Stadträte oder Minister, die sich im ganzen Land ereignen. Sie geschehen auch deshalb, weil er den Hass der Enthemmten auf die zu Volksverrätern erklärten Menschen bestätigt. Dazu muss er selbst nicht hassen. Dieses Gefühl ist ihm persönlich fremd. Aber er weiß es politisch zu nutzen.

Dass sich die Wut seiner politischen Gegner deshalb auch gegen ihn persönlich entlädt, nimmt er in Kauf. Die bruchsicheren Fensterscheiben in seiner Wohnung, die Angst seiner Lebensgefährtin, die Gefährdetenansprachen vom polizeilichen Staatsschutz, die Rempeleien und Pöbeleien auf der Straße, den erklärten Wunsch seiner Tochter, den Namen Gauland abzulegen. Erst vor ein paar Tagen, als er sie in Frankfurt besucht hat, ist es wieder passiert: Die Kreisgeschäftsführerin der Grünen hat ihn in der Altstadt erkannt, bedrängt und unter den zustimmenden «Nazis raus»-Rufen anderer aufgefordert, den Ort zu verlassen. Die Szene nahm sie auf Video auf, das machte auf Facebook die Runde. In ihrer politisch-virtuellen Erlebniswelt wurde die Kommunalpolitikerin dafür gefeiert, nach der Methode Storchs, aber eben von links: «Den hab' ich erfolgreich aus der Altstadt vertrieben.» Gaulands Hetze erzeugt Gegenhetze. Er treibt die gesellschaftliche Spaltung voran.

Es ist ein Belastungstest, den er unserem Land aufzwingt. Er stellt den Grundkonsens der Republik auf die Kippe. Deutschland ist getrieben von der Wucht gesellschaftlicher Verwerfungen, die Gauland für seine Sache nutzt. Dabei ist die Seite, auf der er jetzt steht, eine neue Erfahrung für ihn, stand er doch bis zu seinem 72. Lebensjahr mit all denen, gegen die sich sein Furor heute richtet, auf der etablierten Seite der Gesellschaft. Erst im hohen Alter hat er die Seiten gewechselt und dem Land einen massiven Rechtsruck abgetrotzt. Sein Ziel aber hat er noch nicht erreicht. «Der Widerstand wird so lange bleiben, bis wir Verantwortung übernehmen», ruft er der Menge vor dem Brandenburger Tor zu. Viele in seiner Bewegung sprechen von «Machtergreifung», es ist Gauland, der ihnen den Weg hierher geebnet hat, bis zu dem Punkt, an dem dieses Ziel vielen von ihnen erreichbar scheint.

Gauland ist zu einer zentralen politischen Figur in Deutschland geworden, weil er es verstanden hat, das über Jahrzehnte zerfaserte und zerstrittene rechte Lager zu einen: Vom äußeren Rand der CDU bis weit hin zu Vertretern der gewaltbereiten rechtsextremen Szene hat er es hinter seiner Bewegungspartei versammelt, zu der sich die AfD nach ersten personellen Brüchen in rasantem Tempo entwickelt hat. So ist ein Sog entstanden, der zahlreiche Zweifler, Unzufriedene und Zukurzgekommene aus allen möglichen Richtungen mitreißt oder politisch aktiviert. Diesen Prozess hat sich Gauland nicht ausgedacht, er hat ihn auch nicht ausgelöst, aber er hat ihn kanalisiert. Als Lotse der Bewegung hat er dafür gesorgt, dass ihre losen Teile aufeinander zu liefen, statt sich weiter zu spalten, in der AfD und außerhalb der Partei. Einen solchen Zusammenschluss hat es in der Geschichte der Bundesrepublik noch nicht gegeben. Von ihm ging die Zäsur aus, der unübersehbare Rechtsruck über 70 Jahre nach dem Ende der nationalsozialistischen Herrschaft. Nun werden die über Jahrzehnte errichteten Schutzzäune allgemeiner Zivilität von diesem Lager unter Gaulands Führung eingerissen.

Dabei hatte er sich in der Vergangenheit nie an Radikalen orientiert. Das lag ihm gänzlich fern, bis er sich als Wohlstandsrentner entschied, noch einmal aktiv Politik zu machen. Seither zieht er die Radikalen an, weil er ihnen den Weg in die Mitte weist. «Er ist ein anderer Gauland geworden», sagt einer seiner ehemaligen Weggefährten, der ihn seit über 40 Jahren kennt. Dieses Buch geht der Frage nach, wie es dazu kam, dass sich ein lange Zeit unscheinbarer CDU-Politiker aus der zweiten Reihe zum Demagogen entwickelte, zu

Lotse der Bewegung

einem Hetzer, der eine Regierungspolitikerin mit türkischen Wurzeln «nach Anatolien entsorgen» will.

Wer den Politiker Alexander Gauland auch über seine Wegbegleiter verstehen will, trifft vor allem auf zwei Gruppen von Menschen: alte Männer, die lange Zeit viel Einfluss hatten und die ihn deshalb in ihrem eigenen Wirkungskreis kennen gelernt haben, weil er selbst Einfluss hatte. Und Männer im besten Alter, die ihren Einfluss vor allem ihm und der neuen Partei zu verdanken haben, über die sie emporgekommen sind. Aber alle, die ihn persönlich kennen und über ihn reden sollen, sind über alle Maßen vorsichtig. Aus Angst, sich entweder ins gesellschaftliche Abseits zu stellen, weil ihr jeweiliges Milieu den Mann, über den sie reden sollen, rundherum ablehnt. Oder eben aus Angst, dass ihm nicht gefällt, was sie über ihn sagen, und dass sie deshalb bei einem in Ungnade fallen, von dem sie abhängig sind. Andere Menschen, die ihn schon sehr lange kennen, sehen alte Loyalitäten berührt.

Einige sprechen deshalb nur informell über ihn. Viele vermeiden es ganz, tabuisieren den Tabubrecher, blenden die gemeinsame Zeit einfach aus. So als wäre dieser Alexander Gauland von der AfD jetzt ein gänzlich anderer Mensch. Sein langjähriger Freund Peter Iden, Kunstkritiker und ehemaliger Feuilletonchef der *Frankfurter Rundschau*, hat ihn zu dem ganzen Stress mit seiner neuen Partei gefragt, zu dem Aufwand und all dem Ärger: «Warum tust du dir das an?» Noch dazu ein paar Jahre nach einem lebensbedrohlichen Herzinfarkt, den er nach einem schwierigen Eingriff in der Frankfurter Universitätsklinik nur knapp überlebt hat und der sein Leben fortan unter Bewährung stellt. «Weil ich möchte, dass die AfD aus der deutschen Politik nicht mehr wegzudenken ist», antwortete dieser. «Das hat er ja erreicht», sagt Peter Iden. «Aber jetzt spaltet die AfD unsere Gesellschaft.»

Als einer der wenigen Weggefährten aus Gaulands Frankfurter Zeit hat er nicht mit ihm gebrochen. Doch meidet Iden Treffen mit dem Freund an Orten, an denen eine zufällige Begegnung mit Menschen aus der Kulturwelt wahrscheinlich ist. Eine Einladung zum Frühstück in das Restaurant des Hotels Savoy in Charlottenburg etwa, in dem Thomas Mann einst Stammgast war, schlug er aus diesem Grund aus. Gauland kann dort das Nützliche mit dem Angenehmen verbinden. Die Küche ist gut, ihm gefällt das gediegene Flair, und die «Bibliothek des Konservatismus» ist gleich nebenan, ein zentraler Treffpunkt von AfD und neurechter Bewegung. Unmittelbar nach dem Krieg diente das Hotel als britisches Hauptquartier. Für Iden aber ist es kein Ort, an dem er den umstrittenen Freund treffen will. «Denken Sie doch nur an die jüdische Kultur dieses Hotels», sagt er. Das Haus ist ein beliebter Treffpunkt der jüdischen Community in Berlin.

Zwar deutet nichts in den Gesprächen mit Gauland darauf hin, dass er ein Antisemit ist, auch nicht in seinen Texten oder Reden. Als politischer Beamter und konservativer Intellektueller unterhielt er gute Beziehungen zur jüdischen Gemeinde in Frankfurt und zu deren langjährigem Vorsitzenden Ignatz Bubis. Er saß selbst ein Jahr lang im Beirat des dortigen Jüdischen Museums. Damals fühlte Gauland sich verpflichtet, mit dem jüdischen Erbe in Deutschland aus einer historischen Verantwortung heraus gewissenhaft umzugehen. Ein Oppositionsführer im Deutschen Bundestag aber, der den Holocaust aus dem kollektiven Gedächtnis der Deutschen verbannen will, der die Verbrechen der Wehrmacht relativiert und seine Landsleute von der moralischen Last dieser Verantwortung befreien will, sorgt für das Gegenteil. Nämlich dafür, dass sich Menschen jüdischen Glaubens in Deutsch-

Lotse der Bewegung

land bedroht fühlen. Im Alltag führt es dazu, dass Iden nicht mit Gauland im Hotel Savoy frühstücken will.

Über den Reichstag schrieb Gauland noch vor der Bundestagswahl in der Neuauflage seiner *Anleitung zum Konservativsein*, des inzwischen zur Kampfschrift mutierten Manifests: «Hier nutzt der Widerstand seine parlamentarischen Möglichkeiten.» Das erinnert an die Strategie des späteren Reichspropagandaministers Joseph Goebbels, der fünf Jahre vor der Machtergreifung in der NSDAP-Zeitung *Der Angriff* erklärt hatte: «Wir gehen in den Reichstag hinein, um uns im Waffenarsenal der Demokratie mit deren eigenen Waffen zu versorgen. […] Wenn die Demokratie so dumm ist, uns für diesen Bärendienst Freifahrkarten und Diäten zu geben, so ist das ihre eigene Sache. […] Uns ist jedes gesetzliche Mittel recht, den Zustand von heute zu revolutionieren.»[3]

In der Originalausgabe von Gaulands *Anleitung* von 2002 war von «Widerstand» noch nicht die Rede. Auch nicht davon, dass «wer sich warum auch immer auf Hitler fixiert», in dessen Bann bleibe.[4] In den Neuauflagen schlägt sich die selbstgewählte Radikalisierung der vergangenen Jahre unmittelbar nieder. Es freut ihn sichtlich, die Bücher aus seinem Bundestagsbüro heraus, wo die Exemplare ein ganzes Regal füllen, an seine Anhängerschaft zu verschicken. Diejenigen, die sich gemeinsam mit ihm wünschen, dass die Erinnerung an das dunkelste Kapitel deutscher Geschichte zu einem «Vogelschiss» verblassen möge, haben nun am Schauplatz ebendieser Geschichte eine eigene Adresse.

Gauland selbst ist kein Rechtsextremist. Er sorgt aber dafür, dass sie hoffähig werden, und liefert ihnen Argumente in bürgerlicher Diktion. Zu denjenigen, denen er exklusiven Zutritt ins Zentrum der Demokratie verschafft, gehören auch einzelne Mitarbeiter seiner Bundestagsfraktion mit nachgewiesen rechtsextremer Vergangenheit, die sich nicht von ihrer staatsfeindlichen Ideologie distanziert haben. Wie selbstverständlich laufen sie inzwischen an den in Marmor eingravierten Hakenkreuzen im einstigen Reichsministeriums des Innern vorbei, in dem heute einige Abgeordnetenbüros eingerichtet sind. Ebenso an den kyrillischen Graffiti, die Rotarmisten nach der «Schlacht um Berlin» und dem Sieg über Hitler mit Fettkreide und Holzkohle auf den Wänden des Reichstags hinterlassen haben. Die Inschriften wurden auf Veranlassung des Architekten Norman Foster freigelegt, um Geschichte erlebbar zu machen. Sie sollen dauerhaft an die schwere deutsche Kriegsschuld erinnern und zu historischer Verantwortung mahnen. Auf den Vorwurf, dass in seiner Fraktion auch Rechtsextremisten beschäftigt werden, antwortet Gauland lapidar mit dem Verweis auf Joschka Fischer. Der ehemalige Außenminister und grüne Vizekanzler sei als radikaler junger Mann schließlich auch gegen Polizisten gewalttätig gewesen. Dabei belässt er es.

Manchmal, wenn Gauland außerhalb der AfD einen Vertrauten zum Reden braucht, ruft er spätabends Peter Iden an. Der kann das aushalten, noch. Auch weil er, anders als viele andere alte Bekannte, nicht in der CDU ist, wo Gauland als Abtrünniger gilt, der die ehemals gemeinsame Sache mutwillig beschädigt. Iden betrachtet ihn als einen Freund, der sich aus ganz persönlichen Gründen für den falschen politischen Weg entschieden hat. Dessen Kritik hört sich der Politiker in aller Ruhe an, aber sie ändert nichts an seinem Kurs. Warum sollte es Iden anders ergehen als Gaulands Tochter?

Dem Vater widerspricht die Pastorin Dorothea Gauland ganz entschieden. Einmal hat sie es öffentlich getan. Für ein Porträt ihres Vaters in der *Zeit*, als dieser immer einflussreicher in der AfD wurde. Sie hat gesagt, dass ihm in der CDU niemand mehr zugehört habe, in seiner neuen Partei dagegen hörten sie ihm zu. Zu seiner Haltung in der Flüchtlingspolitik sagte sie: «Ich finde es schrecklich, was er sagt.» Über die Flüchtlingsfrage sei sie mit ihm so heftig aneinandergeraten, dass er am Telefon laut geworden sei, was ungewöhnlich für ihn ist.[5] «Sie hält meine politischen Ansichten und die AfD für eine absolute Katastrophe», stellt ihr Vater im Gespräch über seine Tochter sehr nachdenklich fest. «Es tut ihr weh.» Aber schließlich hätten seine Frau und er sie zur Unabhängigkeit erzogen. Vater und Tochter telefonieren regelmäßig miteinander und treffen sich zu gemeinsamen Städtereisen: Dresden und das Blaue Wunder, Museen und Kunstgalerien in London, Avignon und die Provence. «Wir lieben uns», sagt er schließlich. Das sind große Worte für diesen Mann, der kaum Persönliches durchblicken lässt. Er sagt aber nicht, dass ihm die Haltung seiner Tochter wehtut.

Ihre Pfarrstelle ist in Langen im Landkreis Offenbach. Auf ihrem beruflichen Weg lagen Stationen in Kenia und in Indien, eine Zeitlang lebte ein Flüchtling aus Eritrea in ihrer Wohngemeinschaft. Nach Indien ist Gauland mit ihr über seinen 75. Geburtstag gereist, während eines wichtigen Wahlkampfs. «Das hatte ich ihr versprochen. Wer weiß, wie lange ich so eine Reise noch antreten kann», sagte er wenige Tage vor dem Abflug in einem Gespräch. Er nennt seine Tochter eine «linke evangelische Pfarrerin», im amüsierten Tonfall sagt er auch schon mal «Gutmensch», ein Wort, das ihm üblicherweise nicht über die Lippen kommt. Der Evangelischen Kirche in Hessen und Nassau ist allerdings nicht daran gelegen, dass die bei ihr angestellte Pastorin über ihren Vater in der Öffentlichkeit spricht. Die Kirche bezieht eine entschiedene Position gegen die AfD, der sie vorwirft, antichristlich zu sein. Da passt ein Gespräch mit der Tochter über diesen Vater in den Medien nicht ins Bild. Und natürlich ist Dorothea Gauland von Beruf Gemeindepfarrerin und nicht Tochter dieses hochkontroversen Vaters.

Ihre Mutter Leonore meidet die Öffentlichkeit, weil sie die gemeinsamen Kreise aus Frankfurter Zeiten nie verlassen hat und dort bleiben möchte, in dem alten Leben der Gaulands, das der Vater nun für immer aufgegeben hat. Da würde es stören, wenn sie öffentlich Stellung bezöge. Zumal die beiden noch immer verheiratet sind. Gaulands Lebensgefährtin Carola Hein meidet die Öffentlichkeit aus Angst. Wer kann es ihr verdenken? Als sich der Erfolgszug der AfD in Gang setzte, hatte Gauland ein Kamerateam des Hessischen Rundfunks zu sich nach Potsdam in die Wohnung in der Berliner Vorstadt gelassen. Dazu wurde eine Außenaufnahme des Wohnhauses gezeigt, das in sämtlichen Archiven der ARD zu finden ist. Seither wurde der häusliche Frieden der Lebensgemeinschaft Gauland/Hein von außen bedroht. Farbschmierereien an der Fassade, ein brennender Sperrmüllhaufen vor dem Haus, immer wieder kleine, gemeine Aktionen von Antifa-Aktivisten, die Gauland Angst machen und ihn aus seiner Wohnung vertreiben wollen.

Gelegentlich kommt es vor, dass er und Carola Hein beim Schwimmen im nahen Heiligen See behelligt werden. Einmal wurde dort seine am Ufer abgelegte Kleidung gestohlen. «Nazis brauchen keinen Badespaß», rief ihm der Dieb hinterher. Auch der Wohnungsschlüssel war weg, sämtliche Schlösser mussten ausgetauscht werden. Er hält das aus, weil ihn nur wenige Dinge überhaupt berühren. Für sie aber ist es ein Problem. Vielleicht rügt sie ihn auch deshalb regelmäßig, wenn er sich medienwirksam an die Seite seines rechtsextremen Parteifreundes Björn Höcke stellt und dessen Positionen öffentlich verteidigt. «Muss das denn immer sein?», fragt sie dann vorwurfsvoll. Aber es ändert nichts. Die langjährige Lokalredakteurin der *Märkischen Allgemeinen Zeitung* in Potsdam arbeitet inzwischen als Arzthelferin. Ihre Abwesenheit von Politik und Medien tut beiden nach eigenem Bekunden gut.

Lotse der Bewegung

Auf der Suche nach Antworten auf die Frage nach Gaulands Wandlung vom um Ausgleich und Brückenbau bemühten CDU-Politiker zum politischen Scharfmacher und Demagogen habe ich mit Menschen gesprochen, die ihn seit seiner Studienzeit persönlich kennen, mit einstigen und jetzigen politischen Weggefährten. Seit er 2014 in Brandenburg zum AfD-Spitzenpolitiker aufstieg, hat er mir auch immer wieder in persönlichen Gesprächen seine Positionen dargelegt. Seither habe ich Gaulands politisches Wirken nie aus dem Blick verloren, bin ihm auch abseits von Plenardebatten und Parteitagen begegnet: auf AfD-Kundgebungen, bei Pegida in Dresden, hinter den Kulissen von Talkshows, auf Reisen, in seinem Büro oder bei seinem Stammitaliener. Er weiß seit unserem ersten Gespräch, dass sein Gegenüber nicht nur ein entschiedener Kritiker der menschenfeindlichen Bewegung ist, der er nun als Oppositionsführer im Deutschen Bundestag große parlamentarische Möglichkeiten verschafft, sondern ihn zudem für einen Wegbereiter von Rassismus, Nationalismus und einem gefährlichen Geschichtsrevisionismus hält, denen er zu gesellschaftlicher Akzeptanz verhilft. Mein Umgang mit ihm ist höflich distanziert und freundlich verbindlich. Im Laufe der vergangenen Jahre haben wir einen nicht abreißenden Gesprächsfaden gesponnen, der sich auch durch dieses Buch zieht. Wer wie ich Gauland für gefährlich hält, sollte sich damit beschäftigen, was er macht, und zu ergründen versuchen, warum er das tut. Dagegen steht Empörung einer wirkungsvollen Auseinandersetzung mit dem Populismus eher im Weg. Zumal die AfD solche Empörung für ihre Zwecke zu nutzen versteht. Mein Buch ist ein Angebot, sich mit den Methoden und Strategien dieses Mannes nüchtern auseinanderzusetzen.

2. Fleisch vom Fleische der CDU

Niemand empört sich mehr über Gauland als seine
langjährigen Parteifreunde aus der Union, und das
nicht ohne Grund

Nun also steht Gauland selbst in der ersten Reihe. Zum ersten Mal in seinem politischen Leben. In der Zeit vor der AfD
wirkte er stets im Hintergrund. Er ist nicht der starke Mann,
nach dem sich immer mehr Menschen in Deutschland seh-
nen. Diese Rolle will er nicht, und schon gar nicht kann er sie
ausfüllen.

Zum Volkstribunen fehlt ihm das Kumpelhafte. Er ist
weder weinfest- noch bierzeltfähig, taugt nicht für den Kar-
neval oder die Stadiontribüne. Weil er nicht gesellig ist. Er ist
kein Händeschüttler, streckt auch vor persönlichen Gesprächen seinem Gegenüber nur sehr zögerlich die Hand entgegen, wenn überhaupt. Er hält stets Distanz zu den Menschen. «Gauland kann nicht auf einen Feuerwehrkameraden
zugehen und sagen, ‹Mensch, Sie leisten tolle Arbeit, lassen
Sie uns mal ein Bier trinken›. Das ist völlig ausgeschlossen
für ihn», sagt ein politischer Wegbegleiter, der ihn seit einem
halben Jahrhundert kennt. Mit einem Fremden ein Bier zu
trinken sei seine Sache nicht. Dennoch vermittelt er seinen
Anhängern das Gefühl, die Menschen zu verstehen. Er
kriegt sie, weil er sie nicht wegen ihrer Unzulänglichkeiten
kritisiert, schon gar nicht verurteilt. Stattdessen lässt er sie,
wie sie sind: unzufrieden, ängstlich, neidisch. Er will die

Menschen nicht verbessern. Als Konservativer, der er stets war, rechnet er mit ihren Schwächen, als Populist, der er ist, nutzt er ihren Zorn auf alle, die sie für das eigene Dilemma verantwortlich machen, als Reaktionär destilliert er daraus einen Zündstoff für die Zerstörung moderner gesellschaftlicher Zustände.

Bis auf weiteres wird Gauland dem parlamentarischen Teil der rechtsnationalen Bewegung vorsitzen: im Bundestagsbüro des Oppositionsführers in der Dorotheenstraße mit unverstelltem Blick auf die Reichstagskuppel. Das ist eine neue Rolle für ihn, wenngleich er die politische Bühne schon seit Jahrzehnten aus der Nähe kennt. Fast zwei Jahrzehnte begleitete er als rechte Hand den hessischen CDU-Politiker Walter Wallmann: Zunächst führte er das Bonner Büro des Bundestagsabgeordneten des Wahlkreises Marburg-Biedenkopf. Nach der gewonnenen Kommunalwahl 1977 folgte er dem neuen Oberbürgermeister auf den Frankfurter Römerberg. Neun Jahre später ging es zurück nach Bonn, wo sein Chef kurz nach der Tschernobyl-Katastrophe der erste Bundesumweltminister der Republik wurde, um nur gut ein Jahr später wieder zurück nach Hessen zu ziehen, wo Wallmann als erster CDU-Politiker überhaupt überraschend zum hessischen Ministerpräsidenten gewählt worden war. 40 Jahre lang waren die hessischen Ministerpräsidenten Sozialdemokraten gewesen. Gauland wurde der Leiter der Wiesbadener Staatskanzlei, aber nach vier Jahren, nach einer Wahlniederlage ein Jahr nach der deutschen Wiedervereinigung, war Wallmanns politische Laufbahn beendet – und damit auch die Karriere des politischen Beamten Gauland. Er agierte in dieser Zeit stets in den Kulissen. Dort fühlte er sich wohl, konnte die Fäden ziehen, ohne selbst die schwere Bürde der Verantwortung tragen zu müssen. Auf diese Weise lenkte er auch zu Beginn noch die Geschicke der AfD. In seinem bisherigen politischen Leben hatte er sich zu einem Strippenzieher entwickelt, der nicht auf der Bühne stehen muss, um die Inszenierung zu bestimmen.

Aber jetzt sitzt er im Rampenlicht mit Blick auf die Reichstagskuppel. Nicht, weil er von Anfang an dort sitzen wollte. Er sitzt dort, weil er der Meinung war, dass alle anderen auf diesem Platz mehr Schaden anrichten würden, als dass sie der Partei Nutzen brächten. Und was soll Gauland angesichts dieser exponierten Rolle schon sagen, die ihm in hohem Alter zugefallen ist? «Natürlich gefällt mir das!» Ihm gefällt, dass sich die *New York Times* nach ihm erkundigt, *El Pais* und die BBC. Einige der großen deutschen Redaktionen haben eigene Politikredakteure auf ihn angesetzt. Das kommt ihm entgegen, weil er längere Beziehungen schätzt. Überdies betrachtet er es als Anerkennung für seine politische Leistung.

Im Vordergrund weht die azurblaue Fahne mit dem Kreis aus zwölf goldenen fünfzackigen Sternen, dem Symbol der Europäischen Union. Die Fenster reichen bis zum Boden, die Kuppel ist fast zum Greifen nah und bildfüllend. In kaum einem Büro eines Volksvertreters kommt einem die von Norman Foster inszenierte Transparenz einer weltoffenen Demokratie so nahe. Man könnte meinen, dass Bundestagspräsident Wolfgang Schäuble Gauland ganz bewusst diesen Platz zugewiesen hat. Die gläserne Kuppel gibt dem Grundgesetz, Artikel 20, Absatz 2 eine Form: «Alle Staatsgewalt geht vom Volke aus.» Dieses Volk zeigt sich hier in Gestalt eines jeden einzelnen der in der gläsernen Kuppel spazierenden Körper. Nicht aber in einer politischen Bewegung, die von sich behauptet, das Volk zu sein.

Schäuble und Gauland kennen sich seit vielen Jahren persönlich. Beide haben sie den Bonner Politikbetrieb betreten, als Willy Brandt Bundeskanzler war. Es war bereits das

Fleisch vom Fleische der CDU

zweite Mal, dass der nunmehr dienstälteste Parlamentarier in der Geschichte des Bundestags Gauland einen Arbeitsplatz zuwies. Das erste Mal liegt mehr als 30 Jahre zurück. Damals war Gauland als Ministerialdirektor zuständig für den Aufbau des neuen Bundesumweltministeriums. Eine Aufgabe, die er ebenfalls an einem geschichtsträchtigen Ort erledigen durfte: im Palais Schaumburg. Der damalige Kanzleramtsminister Schäuble hatte die Räume bis zur Fertigstellung des Neubaus des frisch gegründeten Ministeriums zur Verfügung gestellt.[1] Fast wäre Wallmann selbst zwei Jahre zuvor an Schäubles Stelle Kanzleramtsminister unter Helmut Kohl geworden, das hatte er aber abgelehnt. Sein loyaler Mitarbeiter Doktor Gauland wäre ihm wohl auch dorthin gefolgt.

Zwar waren die beiden CDU-Politiker Kohl und Wallmann miteinander befreundet. Gaulands Chef aber missfiel, dass der Pfälzer die Menschen in seiner unmittelbaren Umgebung nur mit Familiennamen anredete und duzte. So etwas hielt Wallmann für stil- und würdelos. Er selbst hat nie einen Fahrer ohne Herr oder einen promovierten Mitarbeiter ohne Doktortitel angeredet.[2] Auch wegen der Distanzlosigkeit, die Kohl zu eigen war, lehnte Wallmann das erste Angebot, in die Bundesregierung einzutreten, ab. Zwei Jahre später konnte er wohl nicht ein zweites Mal nein sagen.

Gauland ist die Aufgabe persönlicher Distanz ebenfalls zuwider. Es ist eine der Eigenarten, die er mit Wallmann teilt. Als dessen Büroleiter war er immer in der Nähe des Geschehens, aber stets im Hintergrund und ohne hohes politisches Risiko. In dieser sicheren Komfortzone des politischen Beamten bewegte er sich, ohne anzuecken. Dort entwickelte Gauland über lange Zeit eine für den Politikbetrieb seltene Fähigkeit, die jedem seiner Weggefährten auf Anhieb einfällt, wenn er über Gauland spricht – das Zuhören.

Gauland mochte Helmut Kohl von der ersten Begegnung

im Frankfurter Römer an nicht. Er behauptet sogar, der damalige Bundeskanzler habe seinem Chef bei einem Besuch im Römer empfohlen, sich von ihm zu trennen. «Kohl hätte Sie sofort rausgeschmissen», habe ihm Wallmann gesagt, nachdem der Kanzler wieder abgereist war: «Walter, der Mann ist nicht gut», seien Kohls Worte im Gespräch mit dem Oberbürgermeister gewesen. Dem Vernehmen nach war Gauland dem CDU-Vorsitzenden zu parteifern, zu intellektuell. Nach der Wende, in seinen ersten Jahren als Herausgeber der *Märkischen Allgemeinen Zeitung* in Potsdam, schrieb er sogleich ein kritisches Buch über den inzwischen gefeierten Kanzler der Einheit. Als sei es ihm ein lange aufgestautes Bedürfnis gewesen, den inneren Konflikt mit seiner Partei und ihrem Vorsitzenden auf intellektuelle Art auszutragen. Das Buch erschien kurz vor der Bundestagswahl 1994 und pries den Wählern ihren Kanzler nicht gerade an. Dass Kohl nichts Faszinierendes besitze, heißt es dort gleich in der Einleitung, werde niemand bestreiten können.[3] In Gaulands Augen verkörperte Kohl Mittelmaß. So habe dieser zwar eine «geistig-moralische Erneuerung» versprochen, aber keine der unterschiedlichen Erwartungen daran erfüllt, konstatierte der Autor und führte mit dem FAZ-Journalisten Konrad Adam einen alten Bekannten als Kronzeugen an, der das Verhältnis zwischen der CDU und ihrem Vorsitzenden polemisch zugespitzt beschrieben hatte: «Prinzipientreue ohne Grundsätze in einer Gesinnungsgemeinschaft ohne Überzeugung».[4] Dieser Satz aus der Feder des CDU-Sympathisanten Adam, seine prinzipielle Kritik an der CDU als «Kanzlerwahlverein», war bereits eine Art Grundstein der Partei, die er viele Jahre später gemeinsam mit Gauland aufbauen sollte. Zwar gilt die Gründung der AfD gemeinhin als Ausdruck der Wut alter Männer auf die Politik von Angela Merkel. Aber das greift in der Sache zu kurz. Es stimmt, dass Merkel den

Pragmatismus zum Prinzip ihres Parteivorsitzes und ihrer Kanzlerschaft erhoben hat, eingeführt in die politische Kultur der CDU hat sie dieses Prinzip allerdings nicht. Gauland attestierte seiner Partei schon unter Kohl eine sozialdemokratisierte Konsenspolitik: «Kohls Abgrenzung von den Sozialdemokraten war folglich eher eine machtpolitische denn eine geistige.»[5] Seine Kritik am Ausbleiben der von Kohl angekündigten geistig-moralischen Wende verfing auch an anderen Stellen im rechten Lager der Union, die sich später der AfD zuwandten.

Nachdem er mit seinem ersten Leben in der Politik als Schattenmann in Hessen abgeschlossen hatte, traute Gauland sich nun in Potsdam aus der Deckung. Als seine Arbeit an dem Buch bekannt wurde, rief Wallmann ihn an und bat um ein persönliches Gespräch: Er fuhr also nach Frankfurt und traf sich mit Wallmann und dem jungen FAZ-Herausgeber Frank Schirrmacher zum Essen. «Die beiden waren angetreten, mich auf jeden Fall von dem Buch abzuhalten. Helmut Kohl hatte zuvor mit Wallmann telefoniert», erinnert Gauland sich. Der Kanzler habe ihm, Gauland, die Urteilskraft abgesprochen, über ihn ein Buch zu schreiben. Schirrmacher sei damals Kohls Mann bei der FAZ gewesen. Sogar Wolfgang Bergsdorf, damals im engsten Beraterkreis des Bundeskanzlers, dem sogenannten Küchenkabinett, habe sich eingeschaltet. Gaulands Vorhaben wurde offensichtlich als reale Gefahr betrachtet. Nach eigenem Bekunden versicherte der Autor zwar, dass er nicht vorhabe, Kohl zu vernichten. Aber davon, das Buch zu schreiben, ließ er sich nicht abbringen.

Darin rechnete Gauland mit seinem Parteivorsitzenden ab, in einer Zeit als viele ihn noch bejubelten. Nach der Wahl wurde Kohl zum fünften und letzten Mal zum Bundeskanzler gewählt, er hatte sich gegen den SPD-Kandidaten Rudolf Scharping durchgesetzt. Obwohl der Autor in der Sprache moderat blieb, kam der Text aus den eigenen Reihen einem Affront gleich: Menschen, die für ihr Fortkommen auf eine parteipolitische Machtbasis angewiesen seien, könnten sich Gelassenheit, Großzügigkeit und Vornehmheit nicht leisten, schrieb Gauland, denn sie müssten durch das Belohnen von Loyalität und das Bestrafen von abweichendem Verhalten deutlich machen, «aus welchem Kübel alle saufen».

Als die Wurzel des Kohl'schen Übels machte er dessen Elefantengedächtnis aus, das jede vorgebliche Untreue speicherte, das Unterpflügen parteiinterner Gegner, die als «Gesindepflege» bezeichnete kumpelhafte Leibeigenschaft, in der die engeren Mitarbeiter gehalten wurden, und eine Kaderpolitik, die Gefolgschaftstreue mit Vergünstigungen belohnte. Gauland beschrieb Kohl als einen Meister der Kunst, sich Menschen zu verpflichten, indem er ihre Ambitionen mit seinen Lebenszielen verknüpfte.[6] Es sollten noch 20 Jahre vergehen, bis Gauland die CDU verließ, aber bereits mit diesem Buch hatte er sich öffentlich außerhalb der Partei gestellt. Der Weg zurück in parteigebundene Funktionen war ihm spätestens jetzt verstellt. Der trotzige Entschluss zu dieser kritischen Betrachtung Kohls war das erste deutlich wahrnehmbare Zeichen der Entfremdung, das Gauland an seine Partei sandte. Dass sein Buch kaum Beachtung und nur wenig Verbreitung fand, schien ihm ungleich weniger wichtig zu sein als der Umstand, es geschrieben zu haben.

In den Jahren bis zur Gründung der AfD verstand Gauland sich nun als Publizist. Schon zu seiner Zeit als Leiter der hessischen Staatskanzlei hatte er originelle kleine Porträts von englischen «Gemeinen und Lords» für die rechtskonservative Zeitschrift *Criticon* verfasst. Daraus wurde 1989 sein erstes Buch, und das bei Westdeutschlands linksintellektuellem Aushängeschild, dem Suhrkamp Verlag. Er schrieb aus Neigung, ganz ohne wirtschaftlichen Zwang: Das Werk, das in diesen Jahren entstand, ist im Umfang beachtlich. Dazu gehören zahlreiche Essays und Kommentare wie seine Kolumne «Mein Blick», die er über fünf Jahre für den Berliner *Tagesspiegel* schrieb, oder auch eine Kolumne für die linke *taz*. Der Herausgeber der *Märkischen Allgemeinen* scheint sich in dieser Zeit deutlich mehr für andere Zeitungen interessiert zu haben als für das eigene Blatt – und noch mehr für die eigene publizistische Karriere. Geplant war auch eine Biografie über Bismarck zu dessen 200. Geburtstag im Jahr 2015, dem «genialen Reichseiniger» und «Idol für Nationale und Rechte», wie Gauland seinen Lieblingshelden der deutschen Geschichte schwärmerisch nennt. Den Autorenvertrag hatte er schon unterzeichnet, trat aber davon zurück, als die Sache mit der AfD Fahrt aufnahm. Bismarck sei ein «Umstürzler mit dem Ziel, das Alte zu bewahren», gewesen, sagt er noch. So sieht er sich nun womöglich auch selbst.

Sein erster Text in der FAZ war bereits 1974 erschienen, ein historischer Reisebericht über das Schloss des Duke of Marlborough. Über Jahrzehnte hat er einen Stil kultiviert, der von historischen und philosophischen Bezügen strotzt. Nicht weil Gauland es nicht anders könnte, das beweist er mit jeder seiner politischen Reden aufs Neue, sondern weil er für seinesgleichen schreiben will. Es sind Bücher für den kleinen Kreis, Salongespräche auf Papier, geführt nach Quellenlage der eigenen reichhaltigen Bibliothek. Neben einem Buch über das Haus Windsor, einem längeren Aufsatz über den preußischen Fürsten Eulenburg und seiner immer wieder neu aufgelegten *Anleitung zum Konservativsein* hat er auch einen schmalen Band über die deutsche Geschichte von den Ottonen bis zur Wiedervereinigung verfasst, in dem die friedliche Revolution in der DDR ihm jedoch kaum eine Randbemerkung wert ist. Auch die von ihm als «Vogelschiss» verharmlosten zwölf Jahre unter Hitler finden in dieser «nationalen Erzählung», so der Untertitel, nur in wenigen Passagen Erwähnung.[7]

Seine veröffentlichte Meinung treibt Gauland im Laufe der Jahre immer weiter weg von der CDU. Der Kritik an Kohl folgt 17 Jahre später eine dezidierte Ablehnung der Regierungspolitik Angela Merkels. Diese habe es geschafft, aus einer Partei mit konservativen, liberalen und sozialen Inhalten ein ideologisches Nichts zu zaubern. Die Union sei Geschichte, weil sie nunmehr «eine Organisation zum Machterhalt» sei, «ohne dass man noch wüsste, wofür und wogegen», schrieb Gauland in einem Kommentar für die *Welt*, den er drei Jahre vor Gründung der AfD mit einem Satz schloss, der in seiner ehemaligen Partei bis heute nachhallt: «Wenn Angela Merkel das Bundeskanzleramt verlassen muss, werde ich symbolisch am Wagenschlag stehen. Bedauerlich nur, dass dann auch die Union Geschichte sein wird.»[8]

Der langjährige Frankfurter CDU-Vorsitzende Ernst Gerhardt erinnert sich an ausführliche Telefonate mit Gauland zu dieser Zeit. «Ich war damals die Frankfurter CDU-Instanz für ihn.» Tatsächlich ist der über 90-jährige ehemalige Stadtkämmerer so etwas wie das wandelnde Gedächtnis der Partei in der Mainmetropole. «Merkel war immer sein Thema. Die Gespräche haben überlang gedauert, manchmal eine Dreiviertelstunde.» Als Gauland mit anderen schließlich die AfD gründet, ist er nur noch formell Mitglied der CDU. Seine politische Heimat ist sie längst nicht mehr. Frauke Petry ist es, die ihn daran erinnert, dass er nur in einer Partei Mitglied sein könne. Daraufhin ruft er wiederum Gerhardt an, um ihm mitzuteilen, dass er wegen der AfD aus der CDU austritt. «Ich habe Gauland in dem Gespräch gesagt, ‹dann wissen Sie aber auch, dass Sie den Wahlerfolg von Frau Merkel gefährden›.» «Ja, das will ich», habe er darauf gesagt. Das seien seine letzten Worte als CDU-Mitglied gewesen. «Ihm

Fleisch vom Fleische der CDU

war vollkommen klar, dass er sich aus den Kreisen verabschiedet hat, in denen er früher unterwegs war.» Aber «er wusste genau, was er tat».

Gauland ist sozusagen der Oskar Lafontaine der Union. Nach dessen Abkehr von der SPD schlägt sein Herz nun für die wahre Linke. Das von Gauland schlägt für die wahre Rechte, und viele aus der Union hat er dorthin mitgenommen. Das nehmen sie ihm in der Union besonders übel. Denn die Gauland-AfD war in ihrer Gründungsphase Fleisch vom Fleische der CDU.

Zu denen, die das besonders schmerzt, zählt Gaulands ehemaliger Kommilitone Christean Wagner, dem liberalkonservativen Gerhardt zufolge «sein Bruder im Geiste». Der rechtskonservative CDU-Politiker war wie Gauland Mitglied im Marburger RCDS. Bis heute lebt er vor den Toren der Universitätsstadt, in der er einst Jura studierte, in einer Villa mit Doppelgarage am Waldrand in Lahntal. Viele Jahre war er Landrat des Kreises Marburg-Biedenkopf, wie Gauland unter Wallmann im Bundesumweltministerium tätig und später Kultusminister in dessen hessischem Kabinett. Nach dem erneuten Wahlsieg der CDU in Hessen 1999 wurde er hessischer Justizminister und schließlich Fraktionsvorsitzender der CDU im hessischen Landtag. Er ist tief verwurzelt in der CDU, einer von denen, auf die Kohl seine Macht bauen konnte.

Wagner sieht sich als einen «Konservativen». Einigen in der CDU gilt er in Zeiten der AfD als einer, der die Partei nach rechts hin abdichtet. Noch einige Jahre vor deren Gründung, als Gauland schon lange in Potsdam lebte, trafen sich beide in der Hauptstadt wieder, im «Berliner Kreis». Zahlreiche Politiker vom konservativen Flügel der Union gehören dem Verein an, dessen Vorsitzender Wagner ist. Dort versammelten sich diejenigen, die kritisch zur Regierungspolitik Angela Merkels standen, der Innenpolitiker Wolfgang Bosbach beispielsweise.

Gauland vermisste irgendwann den Sinn der Treffen dieses Kreises, der sich wirkungslos und ohne Einfluss auf die Partei um sich selbst drehte. Noch immer gehört Wagner zu den profiliertesten Stimmen unter den Merkel-Kritikern auf dem konservativen Flügel der CDU. Aber seine Mitgliedschaft in der Partei würde er nicht in Frage stellen. Vom Austritt Gaulands aus der CDU hat er aus der Zeitung erfahren. «Ohne mir vorher ein Wort zu sagen! Das nehme ich ihm übel.»

Auch in Wagners Augen ist Gauland ein Abtrünniger. Allerdings sei er nie richtig in der Partei verankert gewesen. «Er ist kein typischer Parteimann, sondern ein Denker, ein Stratege. Aber so das Klein-Klein in der Partei, Handzettel austeilen, über die Dörfer gehen, abends Veranstaltungen machen, das ist nicht seine Stärke», sagt Wagner. Gauland räumt das bereitwillig ein: «Parteigremien mochte ich nicht so, das habe ich nicht gerne gemacht», daran habe sich bis heute nichts geändert. Aber jetzt, Herr Gauland, müssen Sie es doch machen? Seine prompte Antwort auf diese Frage lautet schlicht: «Das ist halt so, leider!» Zehntausende Mitglieder seiner Partei müssen mit dieser Unlust ihres Vorsitzenden leben. Zumal er das Amt nicht angestrebt hat. Jörg Meuthen und Georg Pazderski sollten eine Doppelspitze bilden. «Das war mit Meuthen so besprochen. Ich sollte erster Stellvertreter werden.» Aber dann stellte sich die schleswig-holsteinische Delegierte Doris von Sayn-Wittgenstein mit einer flammenden Rede zur Wahl und machte das Amt für Pazderski unmöglich. «Die Dame aus dem Norden rührte mit ihrer Rede ans Herz, Pazderski rührte nicht ans Herz, damit war die Sache schwierig geworden», fasst Gauland die Ereignisse des AfD-Parteitags in Hannover zusammen. «Leider hat Pazderski sich auf dem Parteitag nicht so dargestellt, wie es sich die Partei von einem Vorsitzenden gewünscht hätte.» Dafür sei er viel zu sehr in die Mitte unterwegs, in Richtung CDU.

Gauland sah sich zum Handeln gezwungen, trat gegen Sayn-Wittgenstein an und wurde gewählt. Weil er der Partei ans Herz rühren kann. «Ich habe mich gar nicht dafür beworben, wollte es auch gar nicht.» Nun hatte er beides: den Vorsitz in Partei und Bundestagsfraktion. Die Anatomie der Macht kannte er bereits seit einer Zeit, in der zahlreiche seiner Kollegen noch nicht geboren waren. Als er Chef der hessischen Staatskanzlei wurde, fuhr seine Vorgängerin im Parteivorsitz der AfD noch als strebsame Mittelstufenschülerin täglich im Bus zu ihrem Dortmunder Gymnasium, nachdem sie mit ihren Eltern aus der DDR ins Ruhrgebiet übergesiedelt war.

Auch war er mit diesem besonderen Gefühl längst vertraut, von dem die meisten neu gewählten Abgeordneten bei ihrem Einzug in den Bundestag überwältigt werden. Ein Gefühl von Machtteilhabe, politischer Unmittelbarkeit und einer gewissen Erhabenheit, das die Flure von Bundestag, Ministerien und Abgeordnetenbüros erfüllt. Natürlich war Berlin nicht Bonn. Schon gar nicht waren die Politikbetriebe der Landeshauptstädte Wiesbaden und Potsdam oder der im Frankfurter Römer mit der politischen Wuchtmaschine zu vergleichen, die hinter den riesigen Wänden aus Sichtbeton am Spreeknie und den klassizistischen Fassaden in Wilhelm- und Dorotheenstraße wummert.

Gauland kannte Berlin längst aus seinen kurzweiligen, debattenfreudigen Jahren in den politischen Salons und besseren Restaurants, in denen er sich vor allem in seiner Zeit als unterforderter Rentner häufig getummelt hatte. Das reichhaltige Kulturleben der Hauptstadt lag für den Kunst- und Theaterliebhaber aus Potsdam ohnehin vor der Haustür. Seit dem Sturz Bernd Luckes von der Parteispitze zwei Jahre vor der für die AfD erfolgreichen Bundestagswahl hatte ihn sein Weg häufiger in die Hauptstadtstudios von ARD und ZDF geführt als die meisten Bundesminister.

Für die übrigen Teilnehmer des Berliner Politiklebens war es nach dem Einzug der AfD in den Bundestag deshalb so, als sei dieser alte Mann in den Sakkos aus handgewebtem Tweed mit der grünen Hundekrawatte um den Hals schon längst da gewesen. Auf den Stoff seiner Jacken ist er in seiner Zeit als junger Presseattaché in Edinburgh Anfang der 1970er Jahre gekommen. Die Krawatte, ein Mitbringsel aus einem Urlaub im englischen Sussex, fand längst Erwähnung in einer Reihe von Politikergarderoben, zusammen mit dem gelben Pullover von Hans-Dietrich Genscher, der Strickjacke von Helmut Kohl und den weißen Turnschuhen, in denen Joschka Fischer zum ersten grünen Landesminister vereidigt wurde. Die Schuhe stehen nun als Exponat im Offenbacher Ledermuseum. Wo die Hundekrawatte einst wohl hängen wird?

Jemand kam auf die Idee, sie nachproduzieren zu lassen: Im Internet verkauft sie sich als Modell «Alexander». Ihr Träger ist zu einer verschrobenen Stilikone rückwärtsgewandter Politik geworden, von vielen verachtet, aber von einigen eben auch sehr verehrt. Ihn erkennen die Spaziergänger hinter dem Reichstag, während einige Mitglieder der Bundesregierung dort weitgehend unbehelligt bleiben. Irgendwann wird es vielleicht so sein, dass die Touristen, die im doppelstöckigen 100er Bus der BVG im Fünfminutentakt ein paar Meter unter seinem Panoramafenster vorbeifahren, aufzeigen und sagen: «Guck mal, da ist das Büro vom Gauland.»

Mit dem Hauptstadtgefühl kann er wie selbstverständlich umgehen, was längst nicht jedem neuen Abgeordneten gegeben ist. Das nötige Know-how für den Bundestag besorgte er sich über eine Mitarbeiterin. Sie hatte den behördlichen Ablauf dort von der Pike auf als Verwaltungsfachkraft erlernt und zehn Jahre lang in der Fraktion der Linken angewandt. Für Gauland wechselte sie kurzerhand die Seiten, trat in die AfD ein und sitzt nun seinem Büroleiter gegenüber.

Fleisch vom Fleische der CDU

3. Den Zeitgeist reiten

Gauland wusste schon immer, was politisch ankommt.
Als die Stimmung dafür günstig war, hat er dem Land
einen Rechtsruck abgetrotzt

Stück für Stück pflügt Gauland mit seinem geländegängigen
AfD-Vehikel die deutsche Kulturlandschaft um. Zunächst
deren inzwischen aufgelockerten politischen Boden, darunter aber auch die gefestigten gesellschaftlichen Verhältnisse.
Er nutzt dabei das politische Klima der Verunsicherung. Die
Bedingungen konnten günstiger nicht sein. Seit der friedli-
chen Revolution von 1989 hat Deutschland keine solch ein-
schneidende Veränderung mehr erfahren wie die, die den
Aufstieg der AfD erst ermöglicht hat. Die Partei selbst und
mit ihr die gesamte neurechte Bewegung strapaziert seit einigen Jahren in heraufbeschwörendem Sound die Botschaft,
dass wir an der Schwelle einer Zeitenwende leben.

Ihre parlamentarische Wirkungsmacht hat die AfD allerdings nicht aus eigener Kraft erlangt, so wie die gesamte Bewegung ihr Ziel nicht aus eigenem Antrieb erreichen wird.
Das war Gauland stets bewusst, seit er sich auf den Pflug gesetzt hat. Denn niemals versucht er, selbst den Zeitgeist zu
definieren, er macht sich vielmehr zum Ausdruck dessen.
«Gauland sitzt auf der Welle eines sich verändernden Zeit-
geistes und führt die Veränderungen mit an», bestätigt sein
ehemaliger Referent René Springer.

Mit dem Einsetzen der Flüchtlingskrise ergab sich für

Gauland die historische Chance, diesen Veränderungsprozess einzuleiten. Sie sei für seine Partei «ein großes Glück», räumt er unumwunden ein, und dass die AfD ohne diese Krise niemals zur inzwischen drittstärksten politischen Kraft in Deutschland aufgestiegen wäre. Er weiß, dass er ohne die gesellschaftlichen Verwerfungen um die bislang kaum zu kontrollierende Einwanderung nicht als Oppositionsführer die gut ausgeleuchtete Bühne des Deutschen Bundestags hätte betreten können, wo er jetzt mit jeder Debatte ein neues Stück inszeniert. Für ein wachsendes Publikum, das eben nicht mehr das der anderen Parteien ist. Diese wiederum spielen auf derselben Bühne nur mehr für ihre eigenen Leute. Wenn sich ihre Redner in den Plenardebatten an der AfD abarbeiten, ist ihnen der Applaus aus der eigenen Blase gewiss, ebenso die Wut der anderen. So erledigen sie das Geschäft der Populisten, verstärken die gesellschaftliche Spaltung noch und verschwenden wertvolle politische Ressourcen, statt sich der drängenden Probleme anzunehmen. Auch das meint Gauland, wenn er sagt, dass er die anderen vor sich hertreibt. So führt er Politik und Medien immer wieder geschickt in die Empörungsfalle. Das Lockmittel ist austauschbar, aus Ausländerkriminalität wird Burkaverbot werden Grenzkontrollen, Genderfragen, die Erinnerungskultur oder die Beziehung zu Russland. Gauland und seine Partei brechen die Tabus unter dem Getöse der anderen und schärfen damit ihr Alleinstellungsmerkmal als umso deutlicher wahrnehmbare Opposition.

Die Empörung der anderen ist Gauland ein zuverlässiger Begleiter geworden, mit dem er gut umgehen kann. Die Methode hat sich bewährt. Niemand beherrscht sie besser als er. Dabei liegt die Kunst im richtigen Umgang mit der Empörung, wie er selbst einräumt: «Wir müssen genau aufpassen. Weil es auch eine Empörung gibt, bei der Sie vorsichtig sein

Den Zeitgeist reiten

müssen, dass Sie nicht darüber verlieren. Deshalb sage ich nicht, je größer die Empörung, desto größer der Nutzen.» Es kommt also immer auf die Dosierung an, auch auf den Zeitpunkt.

Eine kalkuliert provozierte Empörung als Mittel der Politik: Dass und wie das funktioniert, hat Roland Koch Anfang 1999 mit seiner sechswöchigen Unterschriftenkampagne gegen die doppelte Staatsbürgerschaft vorgeführt. Im Café Siesmayer am Frankfurter Palmengarten erzählt ein damals enger Mitarbeiter Kochs mit sichtlichem Wohlbehagen, wie sein Chef aus aussichtsloser Position auf einer Welle der Empörung geradewegs ins Amt des hessischen Ministerpräsidenten surfte. Und das ging so: Nur wenige Monate nachdem die Grünen mit Joschka Fischer an der Spitze in die Bundesregierung gelangt waren und nun gemeinsam mit den Sozialdemokraten das Land regierten, standen in Hessen Landtagswahlen an. Die CDU hatte sich noch nicht von der Niederlage erholt. Schließlich hatte sie 16 Jahre lang Deutschland regiert. In Wiesbaden hieß der Ministerpräsident Hans Eichel (SPD). Der strebsame Koch wollte dieses Amt, aber die Umfragen standen schlecht für ihn. Es musste ein zündendes Thema für seinen Wahlkampf her.

Der entscheidende Tipp kam schließlich aus der Parteispitze, vom neuen Bundesvorsitzenden Wolfgang Schäuble höchstpersönlich. Dem war schon im Zuge der rot-grünen Koalitionsverhandlungen das Thema Einwanderung aufgefallen, das die SPD ganz den Grünen überlassen hatte. Deren Idee war ein Gesetz zur doppelten Staatsbürgerschaft. Die Debatte darüber fiel zeitlich in den Hessen-Wahlkampf und war denkbar geeignet, die Wähler zu polarisieren. Koch hatte ein Thema, über das er die ausländerfeindlichen Ressentiments in der Bevölkerung für sich nutzen konnte. Zwar hatte

Schäuble dem Vernehmen nach Bedenken gegen eine Kampagne, die im Verdacht des Rechtspopulismus stand, aber die Idee war die Lösung für das Dilemma der CDU. Nach einigem Gezerre und mit Unterstützung der CSU setzte Koch sich in der Union durch. Er startete seine Unterschriftenaktion gegen die doppelte Staatsbürgerschaft, die bei vielen Wählern als eine Abstimmung gegen Ausländer ankam. Damit war zu rechnen gewesen. «Wo kann ich hier gegen Ausländer unterschreiben?», dieses Wählerzitat aus einem der zahlreichen Fernsehbeiträge zu der Kampagne wurde zum geflügelten Wort. Die weit verbreitete Fremdenfeindlichkeit wurde auf diese Weise gezielt geweckt, um sie für den eigenen Wahlerfolg zu nutzen.

Damit hat Kochs Hessen-CDU Gaulands AfD eine Blaupause geliefert, zu der sie immer wieder gerne greift. Je größer die Empörung, desto größer die Zustimmung. So hat es Kochs damaliger Mitarbeiter erlebt. «Es war zu erwarten, dass der politische Gegner dagegen Sturm laufen würde, aber auch viele Journalisten, aber genau das hat uns geholfen.» Anfängliche Bedenken verblassten angesichts des Erfolgs der Kampagne. Koch wurde dadurch ein bundesweit bekanntes Fernsehgesicht und Gegenstand zahlloser empörter Kommentare in der Presse. 600 000 Unterschriften seien allein bei ihnen in Hessen zusammengekommen, berichtet er. Medienwirksam wurden die Abstimmungskarten mit einem Lkw nach Bonn gebracht. «Wir haben mit dieser Kampagne die Wahl gewonnen. So eine Mobilisierung habe ich nie wieder erlebt», stellt er abschließend fest, mag aber so kurz vor einer neuerlichen Landtagswahl und im Kontext eines Buches über Alexander Gauland seinen Namen nicht nennen.

Es war eine der erfolgreichsten PR-Aktionen in der politischen Geschichte der Bundesrepublik. Die CDU kam auf 43,4 Prozent der Wählerstimmen, die SPD auf 39,4. Am

Den Zeitgeist reiten

Montag nach der Wahl trat der Sieger gemeinsam mit seinem Parteivorsitzenden Schäuble und der CDU-Generalsekretärin Merkel vor die Presse und vergaß nicht, sich bei den Medien für ihre Mithilfe zu bedanken.

Möglicherweise hält diese Erfahrung Schäuble und Merkel bis heute davon ab, sich über die Provokationen der AfD zu empören, nicht im Wahlkampf, auch nicht im Bundestag. Dort gehen beide, der Bundestagspräsident und die Bundeskanzlerin, sehr souverän um mit den Provokationen der AfD. Vor allem Merkel, die im Parlament häufig das Ziel dieser Provokationen ist, bleibt dabei bemerkenswert unbeeindruckt und zeigt damit die einzig erfolgversprechende Reaktion. Das war schon das Fazit des Koch-Biografen Hajo Schumacher: Die wichtigste Erkenntnis sei für Koch gewesen, «dass es möglich war, einen Wahlkampf gegen die gesamte öffentliche Meinung zu führen, ja, dass man die Empörung der Medien sogar nutzen konnte für die eigenen Zwecke. Veröffentlichte Empörung meinte nicht automatisch öffentliche Empörung», heißt es dort zutreffend, und als Mahnung an die Redaktionen: «Selbstgerechtigkeit besorgte Kochs Geschäft.»[1] Gleiches gilt heute für Gaulands Geschäft.

Dafür, dass die AfD zum richtigen Zeitpunkt bereit für den großen Wurf war, hatten Gauland und andere im Verbund zum Beispiel mit der islam- und fremdenfeindlichen Demonstrationsinitiative Pegida rechtzeitig gesorgt. Bis es dann nach der Grenzöffnung für Flüchtlinge im September 2015 so richtig losging. Damals war die AfD zweieinhalb Jahre alt, Pegida ging im elften Monat montagabends durch Dresden spazieren, und die Demoskopen verkündeten, dass diese neue Partei nun in der Mitte der Gesellschaft angekommen sei.

Es war am Vormittag des 1. September 2015, als Gauland erstmals den Wert der Flüchtlingskrise für seine Partei vor

Augen sah: Auf einem Lufthansaflug von Berlin-Tegel nach Köln/Bonn. Der AfD-Mann war zu einer Aufzeichnung der ARD-Talkshow «Menschen bei Maischberger» ins WDR-Studio nach Bocklemünd eingeladen. Dort sollte er unter anderen mit dem Grünen-Politiker Volker Beck und dem Tänzer Detlef Soost über die sich zuletzt hemmungslos entladende Fremdenfeindlichkeit im Land diskutieren. Im karierten Sakko, die grüne Hundekrawatte um den Hals, döste er in der ersten Reihe hinter dem Cockpit. In den vergangenen Wochen ging es ihm gesundheitlich nicht gut. Die monatelange Krise und der Dauerstreit in der AfD hatten seiner Psyche zugesetzt. An diesem Tag wirkte er zerknirscht, sein Gesicht fahl.

René Springer saß einige Sitzreihen hinter ihm. Aber gleich nach dem Start hielt es den Referenten nicht mehr auf seinem Sitz. Mit der *Bild*-Zeitung in der Hand eilte er in die vorderste Reihe zu seinem Chef: «Herr Doktor Gauland, Herr Doktor Gauland, wir liegen über vier Prozent», rief er ihm begeistert zu. Der Angesprochene richtete sich auf, kramte nach der Lesebrille, nahm die Zeitung entgegen, und während er die aktuelle INSA-Umfrage las, hellte sich sein müdes Gesicht auf. Dabei brummte er zufrieden. «Hm, ja, das habe ich geahnt.» Von jetzt an ging es mit der AfD bergauf, mit Gauland auch. Je länger Springer an seiner Seite war, umso stärker fiel ihm dieser Zusammenhang zwischen Erfolg und gesundheitlichem Zustand auf. Lief es mit der AfD, dann ging es Gauland gut. Doch vor allem personelle Streitigkeiten wirkten sich auf sein Seelenleben negativ aus. Weil das zerstrittene Bild, das die Partei in der Öffentlichkeit abgab, den Erfolg der AfD sichtlich gefährdete.

Nach dem Sturz von Bernd Lucke und der Wahl von Frauke Petry zur Bundesvorsitzenden während der «Hitzeschlacht von Essen» auf dem Parteitag in der Grugahalle Anfang Juli steckte die noch junge Partei im Umfragetief. Sie dümpelte zwischen zwei und drei Prozent und wurde von einigen Kommentatoren bereits zum vorübergehenden Phänomen erklärt. Die Abwahl des Gründungsvorsitzenden Lucke und die deutlichen Anzeichen eines Rechtsrucks unter der forschen Fraktionsvorsitzenden aus dem Sächsischen Landtag hatten zudem eine spürbare Austrittswelle in der einstigen Anti-Euro-Party ausgelöst. Vor allem unter den zahlreichen ehemaligen Wissenschaftlern und erfahrenen politischen Köpfen, die sich Lucke, Adam und Gauland zu Beginn angeschlossen hatten. Das Wort vom Exodus machte in der Partei die Runde. Daraus konnte schnell ein zerstörerischer Selbstläufer werden.

Dann begann der Sommer der Flüchtlinge. Mit der wachsenden Zahl derer, die kamen, stieg der Unmut bei jenen, die sich zunehmend fremd im eigenen Land fühlen. Bundesweit brannten Flüchtlingsunterkünfte, vor allem in Sachsen regierte stellenweise der Mob, in Meißen, Freital, Bautzen und Heidenau, im Pegida-Land um Dresden versammelten sich zahlreiche Menschen, um den Zuzug von Flüchtlingen auch mit Gewalt zu verhindern. Die Stimmung heizte sich auf, auf dem Höhepunkt der Eskalation unterbrach der damalige Vize-Kanzler und SPD-Chef Sigmar Gabriel eine Sommertour für einen Halt in Heidenau im Landkreis Sächsische Schweiz-Osterzgebirge. Statt die Menschen zu beruhigen, wie es seine Aufgabe gewesen wäre, beschimpfte er die Wutbürger und Rechtsextremisten vor den Kameras der mitgereisten Berliner Medienentourage als «Pack» und als «Leute, die mit Deutschland nichts zu tun haben».

Der unmittelbare Beobachter dieser Szenerie konnte angesichts der Gemengelage vor Ort auf Anhieb erahnen, was dieser Ausspruch bewirken würde. Der impulsive Politiker hatte sich hier unfreiwillig zum Helfer der AfD gemacht und die von ihr angetriebene Spaltung weit über Heidenau hinaus manifestiert. Die Gegebenheiten in der sächsischen Provinz konnte er nicht kennen. Dafür war die Distanz zu den Menschen dort viel zu groß. Während der von zahlreichen bewaffneten Personenschützern eskortierte Regierungspolitiker in der Berliner Blase Applaus für seinen Mut erntete, dem fremdenfeindlichen Mob entschieden entgegengetreten zu sein, sorgte er vor Ort für eine weitere Radikalisierung der fremdenfeindlich bewegten Bürger. Diejenigen, die mit der Flüchtlingspolitik der Bundesregierung nicht einverstanden waren, fanden in der pegidanahen Partei von Petry nun ihren politischen Anwalt. Die AfD nahm das Mandat dankend an. Ostsachsen ist ihre bundesweit wichtigste Hochburg. «Besser hätte er uns in dieser Situation nicht helfen können», kommentierte Gauland voller Süffisanz noch vor der Maischberger-Sendung Gabriels Auftritt. Mit seinem Ausspruch hatte dieser der Talkshow zu ihrem fast schon prophetischen Titel verholfen: «Wir sind das Pack – rückt Deutschland nach rechts?» stand über der Sendung.

Am Wochenende danach ließ die Bundeskanzlerin für die über die Balkanroute kommenden Flüchtlingsmassen die deutschen Grenzen öffnen. Nun stiegen die Umfragewerte der AfD Woche für Woche an, und Gauland hatte Konjunktur. Es dauerte nicht lange, bis es ihm auch seelisch wieder deutlich besser ging. Sein Gesicht nahm wieder die helle rosa Farbe an, wie immer wenn es ihm gut geht. Am weiß gedeckten Tisch wagte er schließlich die Voraussage: «Wenn wir in Stuttgart in den Landtag einziehen, schaffen wir es im Jahr darauf auch in den Bundestag.» Darauf würde er wetten. Fünf Monate später, am 13. März 2016, zog die AfD in die Landtage von Sachsen-Anhalt (24,3 %), Rheinland-Pfalz (12,6 %) und Baden-Württemberg (15,1 %) ein und löste mit diesen Wahlergebnissen ein politisches Erdbeben aus. An diesem Tag war

Den Zeitgeist reiten

sie in ganz Deutschland angekommen, der Rechtsruck war nun unumkehrbar, die Republik erlebte eine Zäsur.

Immer wieder drehten äußere Bedingungen und Ereignisse die Zustimmung zu Gunsten der AfD: die Silvesternacht von Köln, jeder islamistisch motivierte Terroranschlag in Europa und jede Einzeltat von Kriminellen, die das Gastrecht in Deutschland missbrauchen. Darauf lauert Gauland. «Warten Sie doch mal ab, was noch passiert», pflegt er stets zu sagen. Was an Zynismus kaum zu überbieten scheint, erklärt den Vortrieb der Bewegung. Dass aus Wahrnehmung oftmals Realität wird, macht sich die AfD zu Nutze. Aus bestehenden Ängsten und einer tiefsitzenden Unzufriedenheit vieler Menschen wird der Treibstoff gemischt, der sich über Negativerlebnisse immer wieder aufs Neue entzündet. Dieser Prozess wird durch eine wirkungsvolle Polit- und Öffentlichkeitsmaschine vorangetrieben, die unter Gaulands Anleitung entwickelt wurde.

Dabei hat er sich bis zu seinem Aufstieg zum altersweisen Frontmann der AfD stets in den Kulissen bewegt. Dort hatte er schon früh den Machtplan ausgeheckt, den er mit seiner Partei konsequent verfolgt. Dieser Plan ging in den vergangenen Jahren Stück für Stück auf. Es ist frappierend zu sehen, wie all das, was dieser Mann sich ausgedacht hat, mit jedem Jahr und jeder Wahl mehr zur politischen Realität wurde. Am Ende des Vorhabens soll die Übernahme der Macht aus der Position einer Volkspartei stehen. Bis dahin baut die Gauland-AfD ihre Stellung in der Fundamentalopposition im Bundestag, in den Landtagen und auch in den Kommunen weiter aus – so lange bis sie aus eigener Kraft in der Lage ist, die Verhältnisse zu ihren Gunsten zu drehen. So jedenfalls der Plan. Parteiintern ist die Rede vom Ende der nächsten Legislaturperiode des Deutschen Bundestags, also voraussichtlich 2025. Dann wäre Gauland 84 Jahre alt.

Andere europäische Länder waren Deutschland mit der Verschiebung der Verhältnisse nach rechts voraus. Die hiesige Verzögerung hatte vor allem historische Gründe: weil die Geschichte der Bundesrepublik nach 1945 von Schuld und Verantwortung geprägt ist wie bei keiner anderen Nation. In der Folge wurde aus dem deutschen Bekenntnis zum «Nie wieder» ein starkes Selbstverständnis, das jahrzehntelang gegen Einwirkungen von Rechtsaußen weitgehend immun war. Aber dann schwanden diese Abwehrkräfte. Ausgelöst durch allgemeine Ungewissheiten und Ängste vor Globalisierung, Modernisierung, den Folgen der Migration und dem drohenden Verlust der kulturellen Identität. Die Antworten darauf kamen auf einmal von rechts. Der internationale Rechtsruck bringt autoritäre Präsidialkonzepte hervor, die den Glauben an die Nation und die Wiederkehr angeblich verlorener Werte als vermeitlich erfolgreiche Gegenmittel platzieren. Wie in Ländern, in denen eine rechte Kulturrevolution und die einhergehende Spaltung der Gesellschaft schon erfolgt ist. In denen nationalistische Regierungen die gesellschaftlichen Verhältnisse so sehr in ihrem Sinne beeinflusst haben, dass eine Mehrheit dort den systematischen Abbau von Demokratie und Rechtsstaatlichkeit mitträgt. An ihrer Seite sieht sich Gauland mit seiner Bewegung und betrachtet sie als ein Beispiel für Deutschland: «Das Volk hat begonnen, sich zu wehren. Wie in Ungarn, in Polen, in der Slowakei. Und wir sind jetzt auch dabei.» Wie vielen anderen geht es ihm vor allem darum, sich zu emanzipieren: von politischen Vorgaben und Einflüssen aus dem Ausland, vor allem aus den USA, aber auch aus der Europäischen Union. Deutschland hat sich unter dem strategischen Vordenker Gauland in die «rechte Internationale» eingereiht, ganz dem Zeitgeist entsprechend.

4. Ost-West-Versteher

Gauland gehört zu dem exklusiven Kreis von Politikern, die in beiden Teilen Deutschlands ankommen, als DDR-Flüchtling in Hessen ebenso wie als West-Import in Brandenburg

Gauland kommt aus dem Osten Deutschlands. Aufgewachsen ist er auf dem Kaßberg, einem Stadtteil von Chemnitz, zwischen Gründerzeitvillen, Kriegstrümmern und einer verordneten Aufbruchsstimmung. Mit dem real existierenden Sozialismus konnte er nichts anfangen. Wie schon seine Eltern nicht. Für ihn war die DDR eine «negative Erfahrung», den neuen Staat nahm er als «eine Bedrückung» wahr.

Sein Vater war bereits 60 Jahre alt, als der Sohn zur Welt kam, den er nach dem russischen Zaren Alexander nannte. Er war ein ehemaliger kaiserlicher Offizier aus der königlich sächsischen Armee und Veteran des Ersten Weltkriegs. Als Gauland in seiner Betrachtung der deutschen Geschichte über die Nachwirkungen des Ersten Weltkriegs und den Versailler Vertrag als eine «diplomatische Spottgeburt» schrieb, hatte er wohl seinen Vater im Kopf. «Der Kampf gegen den Schandfrieden von Versailles hat das Fühlen und Denken der Generation unserer Großeltern stärker geprägt, als es die Zahlen und Fakten nahe legen würden», heißt es dort.[1]

Der Vater bewunderte den Nationalliberalen Gustav Stresemann, den deshalb auch der Sohn für seine Partei reklamiert. Dass Stresemann als Außenminister der Weimarer Republik aktiv eine Verständigung mit Frankreich vorantrieb – 1926 erhielt er für diese Politik der Annäherung den Friedensnobelpreis – und zum Hassobjekt der völkisch-nationalistischen Rechten wurde, will zu dieser Vereinnahmung so wenig passen wie die letzte Rede Stresemanns vor einem Gremium seiner Partei am 30. September 1929, wenige Tage vor seinem Tod: «Ich sehe nur, dass wir mit der Linken gehen müssen, weil Teile von rechts in Deutschland verrückt geworden sind. [...] Jetzt kommt diese Welle. Stellen Sie sich doch vor, dass diese Gesellschaft Deutschland regierte! Ich muss sagen, wenn ich lediglich ein Vergnügen haben wollte, so möchte ich in der Opposition sitzen und sehen, wie diese [...] Leute in vier Wochen sich kaputtwirtschaften. Aber sie wirtschaften ja nicht nur sich kaputt, sie wirtschaften unser Vaterland kaputt. Das ist das Schlimme.»[2] Kein Wunder, dass auch die Nachfahren Gustav Stresemanns juristisch gegen diese Vereinnahmung vorgehen.

Gauland bekräftigt, dass es sein Vater nach 1933 nicht mit den Nationalsozialisten gehalten habe. Er sei ein Nationalkonservativer gewesen. Aus dessen erster Ehe gab es bereits eine Halbschwester, die der junge Alexander allerdings nie kennen gelernt hat. Er wuchs als Einzelkind auf. Drei Jahre nach seiner Geburt erkrankt der Vater an einem schweren, schmerzhaften Augenleiden, das den ganzen Körper erfasste: einer Augenthrombose, die nur sehr spät diagnostiziert werden konnte. Während der Bombennächte lag er in der Leipziger Universitätsklinik und wurde bei Fliegeralarm in den Keller gebracht. «Für das normale Leben war er schon außer Gefecht gesetzt. Er konnte noch auf mich aufpassen, mehr aber nicht.» Die Mutter, 20 Jahre jünger als der Vater, brachte die Familie mit Hamstern und Maschinenschreiben durch die Nachkriegszeit. Ihr Verhältnis zum Sohn war sehr eng. Auch die Großmutter mütterlicherseits wohnte in der Nähe. Die

Ost-West-Versteher

übrigen Großeltern lebten nicht mehr. Er war zehn Jahre alt, als der Vater starb.

Auf der Suche nach Orientierung habe ihm das heimische Radio geholfen. Der deutsche Dienst der BBC wurde zu seinem Sender. Darüber erfasste ihn früh eine tiefe Bewunderung für alles Britische, dem er bis heute zugetan ist. In den Radioberichten und -reportagen fand der Jugendliche sogar seinen Alltag gespiegelt, anders als in der Staatspropaganda der jungen DDR. Seine Heimatstadt hieß Karl-Marx-Stadt, seitdem er zwölf Jahre alt war, aber dieses Wort kommt ihm bis heute nicht über die Lippen. Er erinnert sich an eine BBC-Story über Mangel und Lebensmittelversorgung aus dem Milchgeschäft in seiner Nachbarschaft. Nachdem er sie gehört hatte, lief er dorthin, um sich selbst ein Bild zu machen. Es war so, wie von der BBC im Radio beschrieben. Seither sind die Medien seine Sache, die Britischen Inseln und England als Mutterland der Demokratie sein kultureller Sehnsuchtsort.

Nach dem Abitur an der Friedrich-Engels-Oberschule hielt ihn nichts mehr in der DDR. Die Angst, aus politischen Gründen nicht studieren zu dürfen, trieb ihn davon. Im Westen dagegen erwartete ihn die Familie eines Militärkameraden seines Vaters. Die beiden Männer hatten gemeinsam im Ersten Weltkrieg gedient. Jetzt war der eine tot, der andere der ehemalige Leiter der Elektrizitätswerke in Darmstadt. Von dort schickte er immer wieder Pakete an die Gaulands in der DDR.

Mit dem Zug gelangte der Abiturient aus Karl-Marx-Stadt zunächst bis nach West-Berlin. Blieb dort vier Wochen lang im Notaufnahmelager Marienfelde. Darauf folgte für einen Monat das Jugendlager Sandbostel bei Bremerhaven. Gauland war jetzt ein Flüchtling, der weiter in ein Lager nach Gießen geschickt wurde. Bis er dann schließlich in dem Gästezimmer in Darmstadt landete. Von dort aus absolvierte er die erforderliche Ergänzungsprüfung für das hessische Abitur und begann zu studieren.

Seine Mutter holte er ein Jahr später in die Bundesrepublik nach. Mutter und Sohn fanden eine gemeinsame Wohnung in Wiesbaden. Er pendelte von der Universität in Marburg an den Wochenenden «nach Hause», wie er sagt, zur Mutter. Der widmete er schließlich seine Dissertation über das Legitimitätsprinzip in der Staatenpraxis, mit der er als 30-Jähriger seine Ausbildung krönte. «Er brauchte die Promotion für den Aufstieg»,[3] schrieb Gauland über den jungen Helmut Kohl. Gleiches galt für ihn selbst.

In der schmalen Arbeit verzichtete er auf das damals noch unter vielen Konservativen geltende Dogma, das Staatenkürzel DDR in Anführungszeichen zu setzen, während sämtliche Zeitungen des Springer-Verlags die DDR bis zum Mauerfall noch zwanghaft in «Tüttelchen» rahmten. Weil man in der «Parteidikatur der SED gegen den Willen der Bevölkerung keine Demokratie und erst recht keine Republik» sah, «also keinen am Gemeinwohl orientierten Staat».[4] Aber Ideologie war Gaulands Sache nicht. Er handelte pragmatisch und lieferte mit seiner Doktorarbeit mitten in der Zeit der sozialliberalen Koalition unter Willy Brandt eine juristische Begründung für die Aufgabe der Hallsteindoktrin nach, die zwei Jahre zuvor erfolgt war. Bis zur Regierungsübernahme des SPD-Kanzlers im Jahr 1969 galt für die Bundesrepublik der Alleinvertretungsanspruch als einzige legitime Vertretung des deutschen Volkes. Damit hatte Brandt grundsätzlich gebrochen. In seiner Arbeit gab Gauland ihm recht. «Die Handlungen eines Staates können völkerrechtswidrig sein, seine Existenz nicht»,[5] stellt er darin fest. Auch sei der Versuch gescheitert, «politische Doktrinen als Maßstab für die Rechtmäßigkeit der Ausübung von Staatsgewalt im Völkerrecht zu verankern».[6] Die Waffe der Nichtanerkennungspolitik erweise sich gegen das Heraufkommen diktatorischer Regime in zunehmendem Maße als stumpf. Und er schlussfolgert, dass die demokratische Legitimation der Staatsgewalt als Vorbedingung ihrer Anerkennung im gegenwärtigen Völkerrecht keine Zukunft habe.[7]

Diese Arbeit war der wissenschaftliche Ausdruck des politischen Zeitgeists. Gauland folgte schon damals den Gedanken des französischen Diplomaten Talleyrand, auf dessen Wirken er sich in dieser Arbeit gleich mehrfach beruft. In dieser Technik des zielgerichteten Pragmatismus übt er sich fortan sein gesamtes politisches Leben lang, bis heute.

Nach der Universität trieb es ihn in die Pressediplomatie. Unter der Regierung Brandt kam Gauland ins Bundespresseamt auf seine erste Stelle. Als promovierter Jurist hatte er die freie Wahl. «Damals kriegte man in Bonn Stellen wie Sand am Meer, aber dort hatten sie auch eine Auslandsabteilung, der diplomatische Dienst stand einem offen, und ich hatte damals schon Interesse an Presse- und Medienarbeit.» Diese Faszination für die Publizistik und die veröffentlichte Meinung besteht bis heute, sie prägt Gaulands Umgang mit Journalisten, der sich ganz wesentlich von der in der AfD verbreiteten Medienfeindlichkeit unterscheidet.

Sein Berufseinstand aber verlief ziemlich holprig. Während der Examenszeit hatten ihm die Symptome einer schweren Depression das Leben sauer gemacht. Von dieser seelischen Krankheit wusste er zu diesem Zeitpunkt aber noch nicht. Wochenlang hatten ihn starke Magenschmerzen gequält, Auslöser war wohl der Prüfungsstress. Nachdem er dann die Stelle im Bundespresseamt angetreten hatte, ging es wieder los. «Mein Hausarzt glaubte, ich hätte Magengeschwüre. Er hat mir dann Rollkuren verordnet, die natürlich nichts genutzt haben», erinnert sich Gauland. «Es wurde immer schlechter, ich konnte nicht mehr zur Arbeit gehen, und

lag fast besinnungslos.» Es ging so weit, dass er über Selbst-
mord nachdachte. «Es bestand ernsthaft die Gefahr, dass ich
mir was antue.»

Ein anderer Arzt überwies ihn schließlich in das Univer-
sitätsklinikum auf den Venusberg. Nach zahlreichen Tests
war klar, dass es sein Geist ist, der die körperlichen Leiden
auslöst. «Dort hat man die Depressionen dann erstmals diagnostiziert.» In Krisenzeiten und unter hohem Druck holen
sie ihn ein. Auch Jahre später noch ist er in die Klinik nach
Bonn zurückgekehrt. «Ich bin heute noch dankbar dafür,
dass ich trotz dieser Krankheit überhaupt verbeamtet
wurde», sagt der Mann, dessen Anhänger in Hass und Widerstand gegen Regierung und Staat schwelgen. «Das Bundespresseamt hat sich damals sehr nobel verhalten. Die hatten ja ein medizinisches Gutachten aus der Klinik.» Die
sozialliberale Regierung unter Brandt ermöglichte ihm trotz
seiner gesundheitlichen Einschränkungen ein wirtschaftlich
sorgenfreies Beamtenleben. Als Chef vom Dienst bearbeitete
er im Bundespresseamt kleinere Anfragen von Journalisten,
suchte Reden raus, gab Termine bekannt. «Ich habe aber nie
große Erklärungen abgegeben.»

Ursprünglich hatte Gauland begonnen, Politologie und
Geschichte zu studieren, seinen Interessen folgend. Einer seiner Professoren war damals der Politikwissenschaftler Wolfgang Abendroth, Begründer der «Marburger Schule». Marx
und Engels holten den DDR-Flüchtling ein. «Der war ja
links, wie man nur links sein konnte», erinnert er sich amü-
siert. Dem berühmten Professor aber hat er einen entscheidenden Ratschlag zu verdanken. Abendroth unterhielt
Sprechzeiten bei der Studentenberatung, wo ihn Gauland mit
seinem Berufswunsch konfrontierte. «Da sagte er, hören Sie
auf mit Politologie, das hat keinen Zweck, obwohl es sein
Fach war. Einzig Jura sei der richtige Weg zur Diplomatie.»

Wie sein politischer Weg wohl verlaufen wäre, wenn er nicht auf Abendroth gehört hätte, einen der geistigen Väter der 68er Bewegung? Wenn er weiter Politologie und Geschichte studiert hätte. Jedenfalls war er schon damals einer, der die politischen Möglichkeiten auslotete, und sich darin einrichtete. Er war keiner, der gegen den Strom schwamm. Wie mühselig das sein konnte, hatte er als Schüler in der DDR erlebt.

Die Schlussfolgerungen seiner Dissertation taugten ihm nicht nur für seine Stelle im Bundespresseamt. Sie waren ihm auch im Jahr 2014 auf dem Höhepunkt der Ukraine-Krise hilfreich, einer Krise, die in Ostdeutschland sehr viel mehr Menschen bewegte als im Westen. So warb er ein halbes Jahr vor den Landtagswahlen in Brandenburg, Sachsen und Thüringen unter großem Applaus auf einem Bundesparteitag in Erfurt um Verständnis für das Vorgehen Russlands. «Legitimität kann anders beurteilt werden als Legalität», sagte er über die Annexion der Krim.[8] Das war die Essenz seiner Doktorarbeit von 1971 in einem Satz.

Diese Parteinahme für Russland zog auch kritische Stimmen in der AfD nach sich, vor allem aus den westdeutschen Landesverbänden. Aber Gauland setzte sich mit der pro-russischen Position durch. Denn im Zuge der Ukraine-Krise politisierten sich die sogenannten Russlandversteher, eine Gruppe, die Gauland als potenzielle AfD-Wähler identifizierte. Besonders unter den Anhängern der Linken. Nachdem Gauland im brandenburgischen Landtagswahlkampf einen offenen Brief an die Wähler der Linkspartei geschrieben hatte, schickte ihm der damalige AfD-Vizechef und überzeugte Transatlantiker Hans-Olaf Henkel eine wütende E-Mail: «Henkel dachte, ich sei völlig verrückt geworden.» Der ehemalige IBM-Manager und Unternehmenslobbyist betrachtete Gaulands Werben im roten Milieu als ideologischen

Verrat. In den ersten Zeilen seines Briefes lobte Gauland die Linken-Frontfrau Sahra Wagenknecht und umgarnte die «liebe[n] Wähler der Partei ‹Die Linke›» mit dem Bekenntnis: «trotz aller Meinungsverschiedenheiten verbindet uns manches [...] die Sanktionspolitik gegenüber Russland halte ich für genauso falsch wie Sie».⁹ Seinem damaligen Parteifreund Henkel antwortete er: «Dann lassen Sie uns mal sehen!»

Sein Plan ging auf. Bei den Wahlen zum Brandenburger Landtag im Herbst 2014 erlebte Die Linke mit minus 8,6 Prozent einen regelrechten Erdrutsch. Die AfD kam mit 12,2 Prozent dagegen auf ein zweistelliges Ergebnis, obwohl der vermeintliche Hauptkonkurrent der neuen Rechtspartei dort, die CDU, selbst deutliche Stimmengewinne erzielen konnte. Analysten registrierten eine Wanderung von 20 000 Wählern von der Linken hinüber ins rechte Lager. «Das ist der schönste Tag meines Lebens», jubilierte er am Wahlabend im Kreis seiner Parteifreunde. 23 Jahre nachdem er die hessische Landespolitik in Richtung Brandenburg verlassen hatte, zog er dort als Fraktionsvorsitzender im Parlament ein.

Die Krönung der Ereignisse war für ihn die Eröffnung des Landtags am 8. Oktober 2014. Denn mit seinen 73 Jahren hatte er als Alterspräsident das erste Wort. Der britische Staatsphilosoph Edmund Burke, der nicht zuletzt seiner Kritik an der französischen Revolution wegen als der Vater des modernen Konservatismus gilt, schien ihm der geeignete Stichwortgeber für diese Gelegenheit zu sein. Schließlich sollte es staatstragend werden. Von vielen im Landtag war ein Eklat erwartet worden. Vor dem wieder aufgebauten Potsdamer Stadtschloss, der Heimstatt des Landtags, versammelte sich organisierter Protest. Eine Abgeordnete der Linken blieb der Eröffnungszeremonie sogar fern. Das aufgeladene Setting war genau nach Gaulands Geschmack. Es sind Situationen wie diese, die ihn antreiben, Gelegenheiten auf die es ankommt, weil sie lange nachwirken, wenn er es richtig macht. Eine Rede des Unterhausabgeordneten Burke von 1774 für das freie Mandat war sein Leitfaden im Spannungsverhältnis zwischen Sonderinteressen und den Interessen der Allgemeinheit.

Nebenbei vereinnahmte er in vermeintlicher Beiläufigkeit Frank-Walter Steinmeier. Der Außenminister mit dem Wahlkreis Brandenburg an der Havel war zu dieser Zeit einer der wichtigsten Protagonisten der sozialdemokratischen Welt, zu deren Territorien Brandenburg seit Beginn der freien Zeit gehörte. Vom ersten Tag in Potsdam an war Gauland bewusst, wer hier das Sagen hatte: die SPD. So wie einst in Hessen. Also schloss er sich ihrem Vorzeigepolitiker «uneingeschränkt an», mit dessen Satz, «dass die [Welt] kompliziert geworden ist, manchmal zu kompliziert für einfache Lösungen».[10] Was ihm im Wahlkampf mit dem offenen Brief an die Wähler der Linken gelungen war, sollte heute auch mit den Anhängern der SPD gelingen. Die Rechnung ging auf. Der Redner sammelte Applaus aus allen Fraktionen ein. Auch das Medienecho war groß und wohlwollend. So lobte der Berliner *Tagesspiegel*: «Es sprach der konservative Publizist, frühere Zeitungsherausgeber und Intellektuelle, als den man Gauland bisher auch kannte.»[11] Und seine ehemalige Zeitung, die *Märkische Allgemeine*, verwies gern auf das Steinmeier-Zitat. Schließlich unterhielt sie in dessen Wahlkreis ihre auflagenstärkste Lokalausgabe, da kam der Hinweis auf den heimischen Politprominenten gerade recht. Auch damit wird Gauland gerechnet haben.

Sehr viel später, als es darum ging, sich für die anstehende Bundestagwahl einen Wahlkreis auszugucken, liebäugelte Gauland aus diesem Grund zunächst mit der Stadt Brandenburg. Er wollte den Showdown mit dem SPD-Schlachtross als Heimspiel inszenieren. Das Kräftemessen Gauland-Steinmeier vor den Toren Berlins wäre ein medialer Selbstläufer gewesen, mit maximaler Aufmerksamkeit für den Populisten. Zumal sein Wunschgegner persönlich weder mit Brandenburg noch mit dem Havelland viel am Hut hatte. Seit seiner Zeit als Kanzleramtschef von Gerhard Schröder wohnte Steinmeier im gutbürgerlichen Berliner Stadtteil Zehlendorf. Zweifelsfrei hätte ihm Gauland das im Wahlkampf vorgehalten. «Aber leider kam es dazu nicht», sagt Gauland. Weil Steinmeier sich entschieden hatte, Bundespräsident zu werden.

Nachdem Gauland zuvor noch geäußert hatte, dass er nur in einem Wahlkreis antreten wolle, in dem er die Straßennamen kenne, trat Gauland in Frankfurt (Oder) an. Bis heute kennt er sich dort überhaupt nicht aus. Allerdings hat seine Partei entlang der Grenze zu Polen einen deutlichen Wählerschwerpunkt. Eine Kandidatur in Gaulands Wohnort Potsdam dagegen wäre verschenkt gewesen. In der liberalen Landeshauptstadt war für die AfD nichts zu holen.

Einer der wenigen, der noch an Ort und Stelle durchschaute, welche Absicht der Alterspräsident mit seiner Rede verfolgte, war Klaus Ness. Der damalige SPD-Fraktionschef in Brandenburg kannte die Methode Gauland nur zu gut, hatten die beiden doch regelmäßig miteinander in einem Potsdamer Literatursalon über Bücher diskutiert. Auf die Rede angesprochen, sagte der Niedersachse trocken, er nehme daraus mit, was er allerdings schon gewusst habe: dass der Staatsphilosoph Burke ein großes Vorbild für Gauland sei.[12] Viele weniger geübte Gauland-Exegeten allerdings konnte der frischgebackene Fraktionsvorsitzende mit dieser Rede einseifen, während er zur gleichen Zeit über seinen Mitarbeiterstab einem kleinen Trupp von Rechtsextremisten Zutritt zum parlamentarischen Leben dieses Bundeslandes verschaffte, als Abgeordnete und als Mitarbeiter.

Im Wahlkampf in Brandenburg hatte Gauland sich als gewiefter Ost-Versteher erwiesen, mit dieser Rede wendete er sich wieder den alten Westeliten zu, die ihn lange als Gentlemankonservativen hofiert hatten. Er versteht es, Deutsche auf beiden Seiten des in seiner politischen Mentalität immer noch geteilten Landes zu erreichen. Damit gehört er einem exklusiven Zirkel an: gemeinsam mit Angela Merkel, Joachim Gauck, Gregor Gysi, Bodo Ramelow, Wolfgang Thierse, Sahra Wagenknecht, Manuela Schwesig, Katrin Göring-Eckardt und vor allem auch Frauke Petry, die ihren rasanten Aufstieg auch auf diese Fähigkeit gründete. Viel mehr Spitzenpolitiker gibt es nicht, die Ost und West politisch gleichermaßen bedienen können. Es sind vor allem, aber nicht nur Politiker ostdeutscher Herkunft und gesamtdeutscher Bewährung, denen dieses immer noch seltene Kunststück gelingt.

Zwar ist Gauland in Erscheinung, Duktus und Argumentation das Abbild eines Elitenvertreters der alten Bundesrepublik. Daran hat er vom ersten Tag im Notaufnahmelager Marienfelde an gearbeitet. Aber über die Hälfte seines Lebens hat er in Ostdeutschland verbracht. Auch von seiner Lebensgefährtin Carola Hein, der ehemaligen Potsdamer Lokalredakteurin, hat er in den vergangenen Jahren viel über Mentalität und Befindlichkeiten der Menschen gelernt, die – anders als er – hinter einer hermetisch abgeschlossenen Grenze sozialisiert worden sind. In einer im Hinblick auf Identität, Herkunft und Kultur weitgehend homogenen Gesellschaft, die sich viele auch noch lange Jahre nach dem Systemwechsel bewahren wollen. Er weiß, wie viele Ostdeutsche zu erreichen sind. Der Hamburger Hans-Olaf Henkel wusste es nicht.

Früh hat Gauland erkannt, dass sich viele Ostdeutsche als «bedrohte Mehrheit» und damit als die Verlierer der großen gesellschaftlichen Veränderungen wahrnehmen. «Das bestimmende Merkmal der Politik bedrohter Mehrheiten ist deren Bild einer Zukunft, in der sie eine Minderheit im eigenen Land sind und ihre Kultur und Lebensweise gefährdet sind», schreibt der bulgarische Politologe Ivan Krastev in der Wochenzeitung *Die Zeit*.[13] Er weist darauf hin, dass diese neue «treibende Kraft der europäischen Politik» nach 1989 wenig bis gar keine konkreten Erfahrungen mit tatsächlicher Zuwanderung gemacht hat, sondern die Erfahrung einer massiven Abwanderung in den Westen, insbesondere der jungen Generation. Daher rühren die Verlustängste. Erst die Flüchtlingskrise habe «den Gesellschaften [...] die Ost-West-Spaltung bewusst» gemacht, «aber der Aufstieg des Illibera-lismus in Mitteleuropa wurzelt nicht in den Differenzen bei der Frage der Migration, sondern in der Ablehnung dessen, was wir den Nachahmungsimperativ nennen können». Nach 1989 habe die politische Philosophie der postkommunisti-schen Staaten Mitteleuropas zwei Jahrzehnte lang in dem Im-perativ bestanden: «Ahmt den Westen nach!» Genau damit sei nun Schluss. Der Wendepunkt war die Flüchtlingskrise.

Dass all dies auch für Ostdeutschland galt und gilt, hat Gauland sehr früh erkannt und diese Erkenntnis unverzüg-lich in politische Angebote umgesetzt. Auch deshalb schreibt er einigen Staaten des ehemaligen Ostblocks in seiner ein-gangs zitierten Rede vor dem Brandenburger Tor eine Vor-bildfunktion zu. Weil Gauland den Osten versteht, verstand er es, die Verlustängste vieler Menschen in Ostdeutschland in politische Energie umzuwandeln. Dabei halfen ihm jene Po-litiker und Analysten, die diese Ängste nicht ernst nahmen. Von denen gab es zu Beginn des einsetzenden Rechtsrucks besonders unter den westdeutschen Eliten viele – ein großer Fehler, vor dem Krastev noch immer warnt: «Es wäre ein schwerer politischer Fehler der Liberalen, diese Ängste zu ignorieren oder lächerlich zu machen. In der demokratischen Politik sind Wahrnehmungen die einzige Realität, die zählt.»

Tatsächlich markierte bereits die Ukraine-Krise eine Zäsur. Hier tat sich erstmals die klaffende Lücke auf zwischen dem, was politisch öffentlich diskutiert und medial transportiert wird, und dem, was ein erheblicher Teil der Menschen über ein politisches Problem denkt. Gauland erkannte das sofort, füllte die Lücke und nährte sich an den wachsenden Zweifeln gegenüber Politik und Medien. Der öffentliche Umgang mit der Ukraine-Krise in Deutschland wird in seiner Bedeutung für die folgenden politischen Verschiebungen bis heute fahrlässig unterbewertet. Eine Ahnung davon hätte bekommen können, wer sich Ende 2014 unter die Pegida-Demonstranten in Dresden gemischt hätte. Gauland hat das getan. Fernsehaufnahmen von dort haben diese Zwischentöne dagegen nicht transportiert, sie wurden ausgeblendet. Ein Grund für diese Unterbewertung könnte die tendenziell transatlantische Ausrichtung der westdeutschen Eliten sein, die in Politik und Medien den Ausschlag geben. Eliten, zu denen auch Gauland jahrzehntelang gehört hat. Als Pensionär, der in Ostdeutschland lebt, ist er nun aber frei, auf Stimmungen einzugehen, die sich nicht berücksichtigt fühlen.

Ein typischer Schachzug Gaulands war ein Auftritt gemeinsam mit dem bereits 92-jährigen Egon Bahr zur Zeit der Ukraine-Krise. Beide sprachen auf einer Konferenz des Berliner Querfront-Magazins *Compact* über die Beziehungen zu Russland. Das Heft hat seinen festen Platz im Kosmos der Gegenöffentlichkeit, wird von vielen Linken gelesen, ist aber der AfD stark zugewandt. Bahr wurde mit dem Titel «Ehrengast» geködert. Als Staatssekretär im Bundeskanzleramt und enger Freund Brandts hatte er die Ostpolitik der sozialliberalen Koalition geprägt und die Ostverträge verhandelt, mit denen die Bundesrepublik ihre Beziehungen zu Moskau und zum zweiten deutschen Staat entspannte. *Compact* instrumentalisierte den schon altersschwachen Bahr als glaubwürdigen Russlandversteher vor der eigenen, antiamerikanischen

Klientel. Und Gauland hatte fortan einen hochkarätigen Kronzeugen, über den er noch mehr Linke in sein rechtes Lager locken konnte. Auch auf Sozialdemokarten hatte er es abgesehen, und dass dieses vor allem über das Thema Russland gelingen könnte, war ihm bewusst. Zwei Jahre später, vor einer Landtagswahl in Mecklenburg-Vorpommern, sagte er in einem persönlichen Gespräch bei seinem Stammitaliener in Potsdam: «Warten Sie mal ab, da oben machen wir das Gleiche wie hier, in Mecklenburg holen wir uns auch die Leute von den Linken. Die politische Kultur ist dort ganz ähnlich wie in Brandenburg.» So kam es dann auch. Die AfD sprang bei der Wahl zum Landtag im Schweriner Schloss aus dem Stand auf über 20 Prozent, und Die Linke führte den Reigen der Wahlverlierer an, vor der SPD.

Seine Russlandausrichtung stellt sich bei näherer Betrachtung allerdings als weniger konsequent heraus, als er viele AfD-Wähler glauben lässt, zumal im Osten. Darauf weist auch der langjährige Weggefährte Konrad Adam hin: «Überschätzen Sie die Russlandausrichtung nicht», sagt er. «Vergessen Sie nicht, dass er ein begeisterter und offenbar überzeugter Bewunderer des englischen Parlamentarismus ist. Also kurz und gut, dieser Gegensatz existiert nicht so.» Gauland selbst sagt, dass man den amerikanischen Einfluss in Europa auf keinen Fall durch einen russischen ersetzen dürfe. «Ich bin nicht für Putin! Was der innenpolitisch veranstaltet, ist zu viel für mich.» Auch wendet er sich gegen eine finanzielle Unterstützung der AfD durch den Kreml, wie andere europäische Rechtsparteien sie angenommen haben, etwa der französische Front National. «Wenn Putin Leute findet, die das Geld nehmen, dann hat er schon gewonnen. Das würde ich nicht mitmachen. Wenn man sich in die Kreditabhängigkeit einer fremden Macht begibt, dann ist man nicht mehr frei.» Auch hat Gauland keinerlei persönliche Bezüge zu

Ost-West-Versteher

Russland. «Die Russen haben keine Debattenkultur, einen ernsthaften inhaltlichen Diskurs gibt es mit denen nicht.» Zu dieser Erkenntnis gelangte er auf einer Reise auf Einladung einer kremlnahen Stiftung nach St. Petersburg mit Mitgliedern seiner Potsdamer Landtagsfraktion zum «Gedankenaustausch über Außenpolitik, weil die das Gefühl hatten, dass wir neben der Linken die einzige Partei sind, die russische Politik ernst nimmt». Diesen Eindruck hinterlässt er auch bei seinen Wählern.

5. Das Pegida-Moment

Gaulands Selbstradikalisierung begann auf einem Spaziergang an einem nasskalten Montagabend durch die Dresdner Altstadt

Es war der Osten mit seiner besonders ambivalenten Beziehung zu Staat, Obrigkeit und Medien, in dem sich die Zweifel daran zuerst in politische Energie umgewandelt haben. Wozu das im äußersten Fall führen kann, hat Gauland im Herbst 1989 selbst in Augenschein genommen: zum Machtwechsel. Diese Vorstellung eines *Regime Change* durch den Druck der Straße herrscht in den Köpfen zahlreicher AfD-Anhänger. Gauland war damals im Herbst 1989 gemeinsam mit seinem Freund Peter Iden von Frankfurt nach Leipzig gereist, zu einer der großen Montagsdemonstrationen gegen die DDR-Diktatur. Weil er begreifen wollte, was dort vor sich ging.

Ähnlich muss es sich für ihn 25 Jahre später angefühlt haben. In dem Moment als er an einem nasskalten Montagabend im Dezember zwischen Tausenden anderen, darunter die verschworene Reisegruppe mit Leuten aus seiner Landtagsfraktion, in seinem Kamelhaarmantel am Stadion von Dynamo Dresden vorbeizog. Er wollte mit eigenen Augen sehen und verstehen, was die Menschen an der Elbe seit Wochen bewegte, in einem anwachsenden Demonstrationszug durch die barocke Altstadt zu ziehen. Seine Gruppe wurde abgeschirmt von rechten Dynamo-Hooligans in unauffälligem Bürgerzivil. Bereits bei dieser Großdemonstration war Gaulands Gesicht der Mittelpunkt, um den sich an diesem Abend alles drehte. Schließlich war es inzwischen durch die großen Talkshows bekannt geworden. Zu einer Zeit, als die AfD noch ein regionales Ostphänomen war, im Westen als Partei kaum eine Rolle spielte, Mediendeutschland aber bundesweit über die Straßenproteste diskutierte. Über lange Monate, in denen die AfD nur eine untergeordnete Rolle spielte, wurde Pegida mit einem Spitzenwert an den Nachrichtenbörsen notiert. Petry und Gauland durften öffentlich darüber reden, schon weil der vorbestrafte, zwielichtige Lutz Bachmann dem Fernsehpublikum kaum zu vermitteln war und er sich auch keiner Konfrontation stellte.

Gauland wurde in Dresden von vielen Menschen freundlich begrüßt. Er musste viele fremde Hände schütteln, Selfies ertragen, erfuhr gar Applaus auf offener Szene. Es war sein erster Triumphzug. Die Menschen dankten ihm dafür, hierher, nach Sachsen, gekommen zu sein. Sie ließen ihn ihre Zuneigung spüren, weil er sie mit seiner Anwesenheit beehrte und ihnen das Gefühl gab, sie zu verstehen. Wenn sie «Wir sind das Volk» skandierten, schlossen sie ihn ein. Die Politiker der anderen Parteien, vor allem die in Berlin, schlossen sie aus.

Auch Frauke Petry, die in Dresden seit einigen Monaten die AfD-Fraktion im Landtag anführte, hatte ihnen die kalte Schulter gezeigt. Sie traute Pegida nicht, sah in Bachmann einen Konkurrenten und wurde nicht müde zu behaupten, dass er seine zentralen Forderungen von der AfD abgekupfert habe. Sie rüffelte auch Gauland, sagte im persönlichen Gespräch noch wenige Tage nach dessen Dresdenbesuch, dass sie ihn ausdrücklich davor gewarnt habe, dorthin zu fahren. Sie selbst fürchtete, durch «krude Botschaften» auf der Demonstration vereinnahmt zu werden.

Gauland aber wusste es besser. Er sah schon damals «natürliche Verbündete» in den Menschen, die hier auf die Straße gingen. «Das sind doch unsere Wähler», sagt er zurückblickend in einem Gespräch, als Petry schon längst Teil der Parteigeschichte ist. Von Bachmann hat er von Anfang an nichts gehalten. «Jemand, der offensichtlich mehrmals verurteilt worden ist, wegen verschiedener Delikte, ist kein Repräsentant für eine Zusammenarbeit, der kostet uns bürgerliche Wähler.» Pegida ja, Bachmann nein. Der auf der improvisierten Pegida-Bühne von der Droge Anerkennung geblendete Zampano Bachmann wurde zum nützlichen Idioten für die AfD. So einfach ist Gaulands Welt.

Bachmann hat die AfD an entscheidender Stelle angeschoben, durch seine narzisstisch motivierte Mobilisierungsleistung, sein regional gefärbtes Charisma und die Autorität, die er bei den ostdeutschen Hooligans genießt, die sich erstmals für eine gemeinsame Sache haben einspannen lassen. Ohne Bachmann wäre der Pegida-Erfolg nicht möglich gewesen. Spätestens seit seinem Pegida-Moment an diesem Abend war Gauland klar, dass seine Partei und solche außerparlamentarischen Proteste zwei Seiten ein und derselben Medaille sind. Fortan setzte er nicht nur alles daran, diese beiden Teile nicht zu entzweien. Gauland sorgte auch dafür, dass die AfD die in Dresden erprobte Protestform übernahm und unter eigener Führung weiterentwickelte.

Er verstärkte fortan die Verbindung zu Bachmanns rechter Hand aus dem Pegida-Organisationskomitee: «Der zweite Mann, das ist der Siggi Däbritz. Das ist ein vernünftiger Mensch. Von dem distanziere ich mich nicht.» So wurde Siegfried Däbritz, Kleingastronom aus dem sächsischen Meißen, zum Mann fürs Grobe bei der AfD, für Technik, Sicherheit und Organisation auf der Straße. Er ist eines der zentralen Bindeglieder zwischen Partei und Bewegung. Mit seiner

Hilfe hat die AfD das Pegida-Konzept gekapert, das im Original auf Dresden beschränkt ist. Wo sich anderenorts allerdings lokale rechte Bürgerinitiativen zum Straßenprotest formieren, übernimmt schnell die AfD das Kommando. Ob bei der ehemaligen flüchtlingsfeindlichen «Initiative Heimatschutz» in Meißen, der rassistischen Spreewaldinitiative «Zukunft Heimat», die sich Cottbus als regelmäßigen Demonstrationsort auserkoren hatte, bei «Kandel ist überall», wo die AfD im Schulterschluss mit Rechtsextremisten den Mord an einer 15-jährigen Schülerin durch einen afghanischen Flüchtling instrumentalisiert hat, oder in Bottrop, wo die AfD unter der Tarnkappe der Initiative «Mütter gegen Gewalt» das bei Pegida erfolgreich erprobte Modell ausrollen konnte. Unter der Anleitung von Siegfried Däbritz gelang der AfD, was Pegida als «Gida»-Bewegung ohne nennenswerten Zulauf versagt blieb: der erfolgreiche Export der außerparlamentarischen Bewegung, vor allem auch nach Westdeutschland. In dieser Hinsicht waren die Demonstrationen Anfang 2017 im pfälzischen Kandel eine Art Dammbruch, wo bis zu 4000 Menschen durch die 9000-Einwohner-Kleinstadt zogen. Das hat die AfD vor allem Däbritz' Pegida-Know-how zu verdanken sowie seiner Fähigkeit, sich in den Dienst einer Sache zu stellen, die nicht «Ich» heißt. Das vor allem unterscheidet ihn von Bachmann, und das hat auch Gauland überzeugt. Im Gegenzug bietet die AfD den Aktivisten aus der rechten Grassroot-Szene Posten und Jobs an. Jeder, der sich regional einen Namen macht, kommt als AfD-Mitglied bei der nächsten Listenaufstellung vor wichtigen Wahlen in Frage. Oder er kommt lautlos in einem der zahlreichen Abgeordnetenbüros unter. So wie zahlreiche rechtsextreme Identitäre, die als Kandidaten für Parlamente in Land und Bund der Öffentlichkeit nicht zu vermitteln sind.

Die AfD kann inzwischen an fast jedem Ort in Deutschland, an dem sich ein Anlass dafür bietet, Menschenmengen mobilisieren und für Aufruhr sorgen. In Berlin versammelten sich am 4. November 2015 rund 5000 Menschen hinter dem blauen AfD-Banner zu dem größten rechten Straßenprotest, den die Stadt seit dem Ende des Krieges erlebt hat. Ein Szenario, das sich in ähnlicher Form seither wiederholt. Bis zu jenem Tag gehörten die Berliner Straßen den Linken, ihren Demonstrationen für Frieden oder Fahrradverkehr, gegen Massentierhaltung, Mietwucher oder Nazis. Von nun an mobilisierten auch rechte Demonstranten, auch die AfD selbst, wiederkehrend eine vierstellige Zahl von Menschen.

Däbritz ist eine Art mobiles Pegida-Kommando für die AfD, das er in Verbindung mit dem neurechten Vernetzungsverein «Ein Prozent» von Götz Kubitschek und im Verbund mit Hooligans und Aktivisten der «Identitären» führt. Je nach Bedarf firmieren die Demonstrationen und Kundgebungen dann auch offiziell unter dem AfD-Banner, zumal in Wahlkampfzeiten. Idealtypisch hat das in Cottbus funktioniert: Nachdem der Verein «Zukunft Heimat» dort den Oberkirchplatz als rechten Demonstrationsort etabliert hatte, sprach Gauland am selben Ort vor demselben Publikum zu seinem Wahlkampfabschluss vier Tage vor der vergangenen Bundestagswahl. Unter dem Motto «Hol dir dein Land zurück» erschien «Zukunft Heimat» im Gewand der AfD, die im Anschluss auf das beste Zweitstimmenergebnis aller Parteien in Cottbus kam.

Die «Bildungsreise» der Potsdamer AfD-Landtagsfraktion im Dezember 2014 zu Pegida nach Dresden hatte sich also gelohnt. Organisiert hatte sie der damalige Sprecher von Gauland mit besten Kontakten ins Hooligan-Milieu. Bachmann hatte zahlreiche dieser Leute aus der Mischszene von Rechtsextremisten, Kampfsportlern und gewaltbereiten Fußballfans von Beginn an für seine Idee begeistert und mit ihnen einen Pakt geschlossen. Fortan traten sie fast unerkannt als eine Art Schutzstaffel bei den großen Demonstrationen in Erscheinung, auch bei Legida in Leipzig, später auch bei der AfD in Erfurt, eigneten sich auf diese Weise das Gewaltmonopol für die Massenveranstaltungen an und sorgten zumindest in Dresden dafür, dass es im Umfeld von Pegida ruhig blieb.

Sie hielten Journalisten, Kameramänner und Gegendemonstranten auf Distanz und vermittelten den eigenen Demonstranten damit ein Gefühl der Sicherheit. Wegen des geordneten Ablaufs der Montagsspaziergänge gelang der Anschluss ans bürgerliche Lager, der der Bewegung Erfolg verschaffte. Gauland erfasste auf Anhieb, dass sich dieser entschiedene Straßenprotest milieu- und parteiübergreifend zusammensetzte. Anders als im Westen, wo sich die Katholiken im Kern immer noch der CDU zuwenden und das Gewerkschaftsmilieu der SPD. «Sowieso sind die Menschen im Osten sehr viel volatiler, da gibt es keine langfristigen Bindungen», sagte er später an einem Tag der Deutschen Einheit in der Sendung von Markus Lanz im ZDF. «Das alles hat sich zu einer Melange der Unzufriedenheit und auch des Zorns aufgebaut.» Diese Melange sah er an diesem Abend in Dresden vor sich. Und er sah darin die Chance, sie der AfD zuzuführen. Schließlich ist sein Ziel, eine milieuübergreifende Volkspartei aus ihr zu machen. Dafür muss man sie alle mitnehmen. Vor allem auch die Unzufriedenen und Zornigen, die sich von den anderen nicht mehr vertreten fühlen.

Wer aber behauptete, dass bei Pegida Rechtsextremisten mit am Werke waren oder in Scharen mitliefen, wurde lautstark der Lüge bezichtigt. Auf den Fernsehbildern waren für die Zuschauer daheim jedenfalls keine Rechtsextremisten zu erkennen. Nach seinem Abendspaziergang in Dresden behauptete auch Gauland vielfach in Fernsehinterviews, dass er bei Pegida keine Rechtsradikalen gesehen habe. Der leutselig wirkende ältere Herr wurde kurzzeitig zum öffentlichen Zeugen für die Bürgerlichkeit von Pegida. Die hybride Strategie, mit der Russland zu dieser Zeit Krieg in der Ostukraine führte und mit einer Armee ohne Hoheitszeichen die Krim besetzte, hatte auch an der Elbe Erfolg. Soldaten? Welche Soldaten? So werden unumkehrbare Fakten geschaffen. Ist das Ziel erreicht, fragt später niemand mehr nach den Methoden.

Gauland kehrte am Abend nach der Demonstration mit seiner Reisegruppe bei einem akzeptablen Italiener in der Dresdener Neustadt ein. Bei Pasta und Rosé besprach er sich dort mit seinen Leuten. Sie waren jetzt ein wichtiger Teil einer Sammlungsbewegung, die allmählich größer und wirkmächtiger wurde. Mit dieser Erkenntnis kehrte der Ost-West-Versteher nach Potsdam zurück. Fortan bestimmte diese Erkenntnis sein parteipolitisches Handeln, sein Auftreten wurde radikaler, zumindest immer dann, wenn er vor der Bewegung sprach. Er gewöhnte sich an, bei solchen Gelegenheiten, vor allem im Osten, stets ein, zwei Aussagen in seine Reden einzubauen, die sich mindestens am Rande des Sagbaren bewegten und geeignet waren, genau diesen Rahmen weiter auszudehnen. Um seine wütenden Zuhörer zum Jubeln zu bringen. Das Pegida-Moment war der Punkt, hinter den es nun kein Zurück mehr gab von seiner pragmatisch eingeleiteten Selbstradikalisierung. Seither sind verbale Provokationen bei ihm Programm. Vieles davon passt er der Situation an, den Erwartungen seines jeweiligen Publikums, auf die er spontan reagiert. So wie bei seiner Beleidigung gegen die damalige Integrationsbeauftragte der Bundesregierung, Aydan Özoguz. Auf einer Veranstaltung im Eichsfeld in Thüringen rief er unter dem Jubel der Zuhörer: «Ladet sie mal ins Eichsfeld ein und sagt ihr dann, was spezifisch deutsche Kultur ist.

Das Pegida-Moment

Danach kommt sie hier nie wieder her, und wir werden sie dann auch, Gott sei Dank, in Anatolien entsorgen können.» Sein damaliger Referent René Springer erinnert sich, dass «Entsorgen» nicht in seinem Manuskript stand. «Der Satz, der da stand, war sinngemäß, dass ‹sie nicht in dieses Amt gehört›. Ausgerechnet im Eichsfeld sagt er dann, die muss nach Anatolien entsorgt werden. Da hat er sich wohl von der Emotionalität der Situation verleiten lassen.» Nicht von der eigenen, sondern von der Emotionalität seiner Anhänger. Denn in der Heimat seines radikalen Parteifreundes Höcke war ihm damit der Jubel gewiss.

Die öffentliche Empörung folgte auf dem Fuß. So dass Gauland einige Tage später bei einem Auftritt vor Anhängern in Cottbus genau damit und mit der Beleidigung gegen Özoguz kokettierte, ohne das Wort «entsorgen» zu wiederholen: Aber er brachte das AfD-Volk auf der Straße dazu, «Entsorgen! Entsorgen!» zu skandieren.

Zum Vertrauten Gaulands wurde Springer vor der Brandenburgwahl: Nach seinem offenen Brief an die Wähler der Linken und mit guten Umfragewerten im Gepäck traf sich Gauland zum ersten Mal mit ihm. Denn bald würde er einen zuverlässigen, politisch gebildeten und loyalen Referenten brauchen, der sich von der ruppigen Klientel unterschied, die sich im brandenburger Landesverband versammelte. Der ehemalige Zeitsoldat Springer hatte während seines Studiums der Politikwissenschaften an der Universität Greifswald Stefan Hein kennen gelernt, den Sohn von Gaulands Lebensgefährtin. Inzwischen lebten beide zusammen in einer Wohngemeinschaft in Potsdam-Babelsberg. Während Hein mit Haut und Haaren in Gaulands Parteiangelegenheiten steckte, verdingte sich Springer wie viele andere ehemalige Zeitsoldaten freiberuflich als Gutachter für die Deutsche Gesellschaft für Internationale Zusammenarbeit (GIZ). Der Ostberliner war einige Jahre Mitglied in der SPD gewesen und teilte Gaulands Auffassung in Bezug auf Russland. Hein hatte die beiden einander vorgestellt. «Im ‹Il teatro› unterhielten wir uns dann lange über die Ukraine-Krise», erinnert sich Springer an das etwas unkonventionelle Vorstellungsgespräch. Mit Blick auf die Havel, die dort als «Tiefer See» eher ruht als fließt, lotete Gauland sein Gegenüber aus. «Meine Standpunkte deckten sich mit der Wahrnehmung von Gauland, die Chemie stimmte.» Springer wurde engagiert, war Gauland fortan ein treuer Begleiter und wurde dafür schon drei Jahre später mit einem Sitz im Bundestag belohnt.

Das Pegida-Moment

6. Frankfurter Schule

Im Frankfurter Römer hat Gauland den Umgang mit der schärfsten Waffe kultiviert, die die Demokratie vorhält. Heute missbraucht er die Sprache für die Jagd auf andere

Die Festrede für Jürgen Habermas entwarf er gemeinsam mit seiner Frau Leonore auf dem Jagdschloss Friedrichsruhe im Fränkischen. Ein nobles Landhotel aus der Epoche der Fürsten und Regenten. Mit Schwimmbad, das war ihm wichtig, einem Schlosspark und zwei Michelin-Sternen. In seinem Berufsleben entwickelte Gauland schon früh eine Vorliebe für ausgesucht gute Hotels und erstklassige Restaurants.

Mit der Entscheidung für Frankfurt hatte er in den zurückliegenden drei Jahren längst seinen Frieden gemacht. Zwar gab es im Personalamt wegen der psychischen Erkrankung und der damit verbundenen zwischenzeitlichen Ausfälle kurzzeitig Bedenken gegen seine Beschäftigung. Aber der neue Oberbürgermeister bestand auf ihm als seinem Büroleiter. Damit war die Sache erledigt. In der hessischen CDU sei er eigentlich nie heimisch gewesen, heißt es in Frankfurt. Der neue Oberbürgermeister, auch er kein Frankfurter, habe ihn der dortigen CDU vielmehr verordnet, seine Existenz sei an Wallmann gekoppelt gewesen.

Das Dienstzimmer im historischen Römer ließ Gauland frisch renovieren, den aufgeräumten Schreibtisch schmückte stets ein gerahmtes Foto der Gattin. Kennen gelernt haben sie sich noch als Jurastudenten in Marburg. Während er Beamter im Regierungsbetrieb wurde, arbeitete seine Frau als Rechtsanwältin, später für einige Jahre bei der Deutschen Bank. Das Ehepaar Gauland fühlte sich wohl in der Stadt. Die beiden wohnten in einer geräumigen Wohnung im vierten Geschoss eines Altbaus in Bockenheim, gleich hinter dem Palmengarten. Dessen Orchester dirigierte der Gatte von Erika Steinbach.

Sein Büro konnte Gauland zu Fuß erreichen. Ein Haus draußen vor der Stadt, wo viele der Entscheider, Direktoren und Meinungsmacher wohnen, kam für ihn und seine Frau nie in Frage. Er kokettiert damit, dass sie sich das damals auch gar nicht hätten leisten können.

Die eineinhalbstündige Fahrt in seinem britischen Mini-Cooper von Frankfurt ins Schlosshotel sollte ihm die nötige Ruhe verschaffen. Weil er wusste, dass es auf diese Rede ganz besonders ankommen würde. Der Theodor-W.-Adorno-Preis wird seit 1977 alle drei Jahre jeweils am Geburtstag des Philosophen in der Paulskirche verliehen, im Sinne des aufklärerischen Geistes des Mitbegründers der Frankfurter Schule. Das feierliche Ereignis findet in der Stadtgesellschaft große Beachtung, Und über den diesjährigen Preisträger wollte Wallmann endlich auch vom Feuilleton wahrgenommen werden. Zumal das gleich mit zwei bedeutenden Adressen in seiner Stadt vertreten war. In diese Kreise aber war ihm der Zugang bislang verwehrt geblieben. Vielen galt der Oberbürgermeister als ein Gesandter aus der Provinz. Ein biederer Bundestagsabgeordneter aus Marburg-Biedenkopf, der in der um Internationalität bemühten Bankenmetropole den Mief der reaktionären hessischen CDU hinter sich herzog.

Den Mief wollte er unbedingt loswerden. Dabei sollte ihm ausgerechnet der von den Intellektuellen Verehrte und von manchen Konservativen als Wegbereiter des linken Terrors geschmähte Habermas helfen. Dessen Kritische Theorie war eine grundlegende Kritik an den gesellschaftlichen Verhältnissen der bürgerlich-kapitalistischen Gesellschaft und galt als Aufruf, diese Zustände mit dem Ziel einer vernünftigen Gesellschaft mündiger Menschen zu ändern. Sie gilt bis heute als Beitrag zur theoretischen Grundlage der 68er Bewegung in Deutschland.

Diese wiederum wird von Gauland heute als eines seiner Lieblingsfeindbilder kultiviert. Dem «Westen», also der alten Bundesrepublik, attestiert er nunmehr schriftlich eine «Gehirnwäsche durch die 68er».[1] Im AfD-Milieu werden sie als «Meinungsdiktatoren» verteufelt. In diesem Sinne formulierte der Mitparteivorsitzende Meuthen auf dem ersten Programmparteitag der AfD die Kampfansage: «Wir wollen weg vom links-rot-grün versifften 68er Deutschland.»[2] Daraufhin tobte der Saal, und seither kursiert diese Formulierung in den Hass-Posts, mit denen Politiker wie Journalisten von wütenden AfD-Sympathisanten überflutet werden. Die Wut gegen vermeintliche und tatsächliche 68er richtet sich gegen die gesellschaftliche Liberalisierung, die angeblich die gute alte Ordnung zerstört hat, die Gleichberechtigung von Frau und Mann etwa, das multikulturelle Zusammenleben, den Umgang mit dem nationalsozialistischen Erbe der Deutschen.

Im Spätsommer 1980 aber – Adornos Geburtstag ist der 11. September, – schreibt Gauland mit Verve eine Festrede für einen der geistigen Väter dessen, was er später als «Gehirnwäsche» verunglimpfen wird. Hilmar Hoffmann erinnert sich noch gut an die Geschichte der Preisverleihung. Der einst bekannteste deutsche Kulturpolitiker war zwei Jahrzehnte lang Frankfurts Kulturdezernent. Der SPD-Mann überdauerte auch die Ära Wallmann. Das habe er einzig Gauland zu verdanken, ist er überzeugt. Dieser habe ihn beim neuen CDU-Bürgermeister durchgesetzt, weil er den Nutzen der Kulturpolitik Hoffmanns für die überfällige Erneuerung der Stadt erkannt habe. Gelegentlich ist Gauland auf Fotos mit auf dem Bild, natürlich im Hintergrund. Während sich vorn der smarte Wallmann und der stattliche Hoffmann mit dem vollen, graumeliertem Haar für die Fotografen in Pose brachten. «Gauland trat immer sehr devot gegenüber allen auf, die beruflich oder gesellschaftlich über ihm standen», erinnert sich Hoffmann. Er stand in der Verwaltungshierarchie über dem Büroleiter, war deutlich älter und bot ihm das Du an.

Der Kulturdezernent saß selbst mit im Kuratorium zur Verleihung des Theodor-W.-Adorno-Preises 1980. «Aber die Jury ist ja immer eine getürkte Sache», sagt er und schildert diese Sache als diplomatische Unternehmung. Wallmann habe ihm zunächst sein Leid der Nichtbeachtung geklagt. Das nagte wohl an ihm. «Darauf habe ich ihm gesagt, dass er einmal einen großen Schritt auf die Intellektuellen zu tun muss, der sich sehen lassen kann: Warum verleihen Sie nicht dem Habermas den Adorno-Preis?» Gauland, in dem Hoffmann früh einen Bundesgenossen mit Sinn für Kultur fand, habe dann wesentlich dazu beigetragen, Wallmann dahin zu bringen. Obwohl dieser mit Habermas fremdelte.

Aber er hatte sich vorgenommen, Frankfurt zu verbürgerlichen, sich deshalb um die Kultur zu kümmern, die ihm geeignet schien, die aufgeraute Atmosphäre in der Stadt zu befrieden und ihre Bürger stolz zu machen. In Frankfurt herrscht heute noch Einigkeit darüber, dass Gauland in dieser Phase der entscheidende Einflüsterer seines Oberbürgermeisters war. Vor dessen Amtszeit galt Frankfurt vielen Beobachtern als unregierbar. Missgünstige gaben der Stadt den Beinamen «Krankfurt». Zum sozialdemokratischen Erbe gehörte eine von Hochhausinvestoren geprägte Stadtentwicklungspolitik. Im Bankenviertel sollte die Alte Oper gesprengt werden, auch das historische Gebäude im Westend mit dem

Café Laumer sollte weichen. Allmählich wurde der freie Geist der Stadt zubetoniert. Währenddessen hatte die Studentenrevolte Frankfurt erfasst. Die heftigen Proteste gegen den Bau der Startbahn 18 West, der Terror der Rote Armee Fraktion, die im Rhein-Main-Gebiet sehr aktiv war, sowie eine hartnäckige linke Szene, aus der schließlich die Grünen hervorgingen. Es sollte nicht lange dauern, bis auch sie in den Frankfurter Römer einzogen.

Wallmann musste all dem Rechnung tragen, wollte er sein Ziel erreichen. Dafür ließ er sich von seinem Büroleiter zu einem Plan inspirieren, der dem Zeitgeist entsprach. Das Konzept dazu gab es schon, es hieß «Kultur für alle» und war das Manifest städtischer Kulturpolitik von Hilmar Hoffmann. Kultur sollte allen Bürgern zugänglich sein, unabhängig von Bildungsstand und finanziellen Möglichkeiten. Stadtteilbibliotheken sollten eröffnet werden, ebenso Volkshochschulen, über Festivals, kommunales Kino und offene Museen sollte zudem das entfremdete Zentrum der Bankencity belebt werden. Geld war in ausreichendem Maß vorhanden, auch die Banken- und Konzernchefs würden sich von dem wegweisenden Konzept überzeugen lassen. Mit Hermann Josef Abs, dem einflussreichsten deutschen Bankier der Nachkriegszeit, wohnhaft in Kronberg im Taunus, verband Hoffmann 20 Jahre lang eine zielorientierte Freundschaft.[3]

Etliche deutsche Städte übernahmen das Konzept der «Kultur für alle» dann gemäß ihrer Möglichkeiten. Aber zunächst musste der Oberbürgermeister die Frankfurter Intellektuellen auf seine Seite bringen. Die Aussöhnung mit den Linken, auch mit der SPD, die durch ihre Wahlniederlage immer noch schwer verwundet war, sollte mit der Preisverleihung an Habermas einen Anfang nehmen. Der Auftrag war klar umrissen: Alexander und Leonore Gauland brüteten also im Schlosshotel. Seiner Frau räumt er einen gehörigen

Anteil an der schwierigen Rede ein. Sie hat wie er Gefallen am Umgang mit Sprache. Während ihr Mann diese Leidenschaft später in Kundgebungsreden der AfD ausleben wird, in denen er gegen die Feindbilder seiner Bewegung hetzt, wird sie christliche Liedtexte formulieren und zu privaten Lesungen ihrer Gedichte einladen. An diesem Wochenende galt es, die unterschiedlichen politischen Sichtweisen auf Habermas zusammenzubringen. «Für Alfred Dregger war das schließlich eine Zumutung. Der sagte, Sie haben wohl einen Vogel, wir kämpfen gegen die, und jetzt macht der den Habermas zum Preisträger, sind Sie wahnsinnig geworden in Frankfurt?»

Wie gewöhnlich schrieb der Büroleiter die Rede mit der Hand, eine Angewohnheit, die er bis heute beibehalten hat. Aber nicht alle seiner Reden verfasst er selbst. Parlamentsreden werden in seinem Büro vorbereitet, für den Wahlkampf macht er sich kurzfristig handschriftliche Notizen, mit denen er seine gängigen Beiträge an den jeweiligen Auftrittsort und das dortige Publikum anpasst. «Wenn Sie Politik machen wollen, müssen Sie die Leute mitnehmen!», pflegt er zu sagen. Das ist sein politisches Credo für die im Echoraum der AfD versammelte Gemeinde. Für sie bemüht er auch – im Wahlkampf in Hessen – den damals von ihm ungeliebten Dregger. Für einen Auftritt vor voll besetztem Saal in der Wetterau fällt ihm folgender Vergleich ein: «Als ich in Hessen tätig war, habe ich hier noch Politiker kennen gelernt, wenn es die heute noch gäbe, und wenn die heute noch Politik in der CDU machten, fürchte ich, gäbe es vielleicht die AfD nicht. Oder wir hätten es sehr viel schwerer. Denn hessische Politiker wie Alfred Dregger und Manfred Kanther hätten diese Bundeskanzlerin jedenfalls Mores gelehrt.» Dafür setzte es anhaltenden Applaus und später ein Wahlergebnis über dem Bundesdurchschnitt.

Bei selber Gelegenheit trifft er auch mit der Vereinnahmung des einstigen Wehrmachtsoffiziers und NSDAP-Mitglieds für eine andere deutsche Erinnerungskultur à la AfD den Geschmack seines Publikums: «Und ich weiß noch sehr gut [...], dass Alfred Dregger stolz darauf war, dass er bis zuletzt in Königsberg gekämpft hat. Auch als er wusste, dass das Reich, das Land, der Krieg verloren war. Und er hat trotzdem ausgeharrt, und war darauf stolz, weil er sagte: Ich hatte die Pflicht für meine Leute. Und deswegen habe ich ausgeharrt, um sie raus zu bringen. Das waren CDU-Politiker, die noch Vorbilder waren.»[4]

Dregger, von 1982 bis 1991 Fraktionsvorsitzender der CDU/CSU im Deutschen Bundestag, hatte sich 1997 gegen die Aufarbeitung der Kriegsverbrechen gewandt, an denen die Wehrmacht beteiligt war, und der umstrittenen Wehrmachtsausstellung vorgeworfen, «die gesamte Kriegsgeneration pauschal als Angehörige und Helfershelfer einer Verbrecherbande abzustempeln».[5] Diese Argumentation hat Gauland nun übernommen und die Position besetzt, die in den übrigen Parteien niemand mehr einnehmen will. In diesem Sinne fordert er inzwischen eine Neubewertung der Taten deutscher Soldaten in – ausdrücklich – beiden Weltkriegen. Wenn Franzosen und Briten stolz auf ihre Soldaten oder den Kriegspremier Winston Churchill seien, «haben wir das Recht, stolz zu sein auf Leistungen deutscher Soldaten in zwei Weltkriegen», sagte er einige Tage nach dem Auftritt in der Wetterau vor AfD-Anhängern in Thüringen.

Wie das wohl in den Ohren der Mitglieder jener großen jüdischen Gemeinde in Frankfurt klingen mochte, um deren Gunst er sich seinerzeit im Interesse seines Oberbürgermeisters bemüht hat? Oder in denen des Holocaust-Überlebenden und begnadeten Literaturkritikers Marcel Reich-Ranicki, mit dem Gauland nach eigenem Bekunden in seiner

Frankfurter Zeit einen freundschaftlichen Kontakt pflegte? Gauland wusste jedenfalls stets, was die Leute, die er mitnehmen wollte, zu hören wünschten. Schon früh hat er sich in der Kunst des Modulierens geübt. Aber erst im hohen Alter konnte er sie selbst permanent zur Anwendung bringen und die damit einhergehende Bestätigung genießen.

1980 ging es noch nicht um ihn, sondern darum, den neuen Frankfurter Oberbürgermeister aus der Provinz als einen liberalen Citoyen darzustellen, der an die Spitze dieser Stadt passte. Also erst mal weg mit dem reaktionären Mief der hessischen Dregger-CDU!

So schrieb Gauland über Habermas ins Redemanuskript des Oberbürgermeisters: «Es ist der ‹Kritischen Theorie› vorgeworfen worden, dass sie zu jenem Ausbruch von Gewalt beigetragen habe, der unsere Ordnung in den letzten zehn Jahren erschüttert hat. Ich halte diesen Vorwurf für falsch, und zwar nicht nur deshalb, weil Sie selbst diese Gewalt als ‹Linken Faschismus› verworfen haben, sondern vielmehr, weil die ‹Kritische Theorie› in ihrem wissenschaftlichen Gehalt einen solchen Vorwurf nicht rechtfertigt.» Und weiter: «Wie immer man diesen gedanklichen Ansatz als Beitrag zur Lösung gesellschaftspolitischer Fragen beurteilen mag, als Aufforderung zur Gewalt kann er jedenfalls nicht verstanden werden.»[6] Klare Worte also in der bis auf den letzten Platz besetzten Paulskirche zur Polemik der Rechten gegen Habermas, Wegbereiter des linken Terrors zu sein. Aber am Ende dann doch noch ein Bekenntnis zum eigenen Standort: «Sie als Wissenschaftler vertreten die Kühnheit des Denkens, ich stehe als Politiker hier für die Vorsicht des Handelns.»[7]

Wallmann habe den «hochintellektuellen Modernen gemacht, der er im Grunde überhaupt nicht war», erinnert sich der damalige Stadtkämmerer Ernst Gerhardt, der mit auf den

Kirchenbänken saß. Wallmann selbst schrieb über dieses Ereignis in seinen Erinnerungen: «Nach der Preisverleihung kam Frau Habermas mit Tränen in den Augen auf mich zu. Sie sagte, für ihre beiden Töchter sei die Aussage eines prominenten CDU-Politikers über ihren Mann von besonderer Bedeutung. Denn sie hätten in der Schule unter dem Vorwurf, der Vater sei verantwortlich für den Terrorismus, sehr zu leiden.»[8] Gauland jedenfalls hatte seinen Auftrag erfüllt: Wallmann wurde bundesweit in den Feuilletons gefeiert, auch in der *Frankfurter Rundschau* und der FAZ. «Damit hat er sich einen Wunsch erfüllt», konstatiert Hoffmann. «Diese Rede war schon ein Meisterstück.» Der Ausflug ins Jagdschloss Friedrichsruhe hatte sich also gelohnt.

Spricht man Gauland heute auf diese Rede an, dann versucht er, sie auf die gegenwärtigen Verhältnisse zu beziehen. Er vergleicht Habermas' wissenschaftliche Gesellschaftskritik mit der AfD-Hetze gegen Flüchtlinge: «Jetzt können Sie es ja umdrehen und können sagen: Ihr seid gegen diese Flüchtlingspolitik, Ihr seid also Schuld an der Gewalt gegen Flüchtlinge. Insofern ist das umgedreht dieselbe Situation.» In der flexiblen Auslegung von Sachverhalten ist er seit so langer Zeit geübt, dass ihn darin heute kaum jemand übertrifft.

Zwei Jahre nach Verleihung der Adorno-Plakette an Habermas nutzten Wallmann und Gauland die Gelegenheit für eine Referenz an das konservative Milieu: Der Oberbürgermeister verlieh den Goethepreis der Stadt Frankfurt an den Schriftsteller Ernst Jünger. In der Paulskirche blieben aus Protest einige Stuhlreihen leer, vor der Tür versammelten sich Gegendemonstranten. Manchen galt Jünger wegen seiner frühen kriegsverherrlichenden Werke wie *In Stahlgewittern* und *Der Kampf als inneres Erlebnis* als Wegbereiter der Nazis. Aber über diese Geste konnte Wallmann mit seiner Kul-

turpolitik nun allen Seiten gefallen, wie Hoffmann rückblickend feststellt: «Ernst Jünger war ja mit Helmut Kohl
befreundet. Da hatte sich Wallmann wohl gedacht, jetzt
müsse er da auch seine Pferde satteln, in Richtung Ernst
Jünger.» Hinter alledem sieht er Gauland, der bekräftigt: «In
Frankfurt habe ich die Kulturpolitik gemacht und die Kon-
takte Wallmanns zu den Medien, das habe ich alles gemacht.
Ich habe die meisten Reden geschrieben.»

Die FAZ schreibt, Gauland engagiere sich in einer Weise
für die Kulturpolitik, «dass er schon als heimlicher Dezer-
nent neben dem verantwortlichen SPD-Stadtrat Hoffmann
tituliert wurde».[9] Der Kulturpolitiker Hoffmann findet in
Gauland einen Vertrauten. Der Pakt, den der schwarze Wallmann über ihn mit dem roten Kulturdezernenten geschlossen hat, beginnt sich auszuzahlen. CDU und SPD tragen das
Konzept gemeinsam. Entschieden wird zumeist auf dem kurzen Dienstweg, der in der Regel über das Büro von Gauland
läuft. Er vermittelt geschickt, vor allem auch mit Hilfe eines
CDU-Kämmerers, der die finanziellen Mittel dafür frei gibt,
dass Frankfurt in seinem historischen Zentrum rund um den
Römer und am Mainufer erneuert wird.

Sichtbarstes Ergebnis ist das Frankfurter Museumsufer,
mit dem Wallmann und Hoffmann eine wirkliche Erfolgsge-
schichte schreiben: 13 neue Museen, die sich wie an einer
Perlenkette aneinandergereiht am Mainufer entlang ziehen.
Vom Filmmuseum über das Museum für moderne Kunst bis
zur Schirn Kunsthalle. Die Kunstwelt horcht auf, vom «Mu-
seumswunder» ist die Rede. Irgendwann steht sogar der
grüne Parteigänger Joseph Beuys im gesprenkelten Kampf-
drillich mit einer langstieligen roten Rose in der Hand in
Wallmanns Büro. Stand Beuys bisher für durch Kunst her-
beigeführte revolutionäre Veränderungen, ging es nun darum, mit dem Oberbürgermeister der finanziell gut ausge-

statteten Bankenmetropole über ein Werk für das neue
Museum für moderne Kunst zu verhandeln. Dessen Gründungsdirektor hielt ein solches Museum ohne einen kapitalen
Beuys für einen Anachronismus.[10] Der Meister verstirbt darüber, aber der Stadt wird schließlich von einem Galeristen
seine Installation «Blitzschlag auf Hirsch» angeboten – für
2,5 Millionen D-Mark.

«Das war damals viel Geld für ein Kunstwerk, dessen Ab-
straktionsgrad die einfachen Gemüter überforderte», gibt
Hoffmann zu. Er überzeugte die für eine solche Ausgabe zuständige CDU-Magistratsgruppe noch im Etatjahr mit einer
List: Am Eingang des zu errichtenden Beuys-Trakts solle zu-
sätzlich ein Drehkreuz mit einer Münzvorrichtung für
5-Mark-Stücke installiert werden, schlug er vor. Darüber
ließe sich die Investition für den Beuys refinanzieren, der
Kämmerer brauche dem Museum die hohe Summe lediglich
vorzustrecken. Der «Blitzschlag auf Hirsch» wurde ange-
schafft. Bis heute ist es das berühmteste Exponat im Museum
für moderne Kunst. Dessen Gründungsdirektor Iden wurde
bald zu einem guten Freund des Strippenziehers des Oberbürgermeisters. Ein Drehkreuz mit Münzschlitz steht im
Museum noch immer nicht.

Den damaligen Büroleiter Wallmanns beschreibt Hoffmann in seinen Erinnerungen als «kluge Relaisstation zwischen Oberbürgermeister und Kulturdezernent, der selber
das Zeug zum Kulturdezernenten besaß» und maßgeblich
zur Realisierung der Museumsmeile beigetragen habe.[11]
«Ohne Gauland gäbe es all das nicht», ergänzt er jetzt im Gespräch. Und die riesigen Summen, die für das Museumsufer
ausgegeben wurden? Bei dieser Frage winkt Hoffmann ab:
«Das Geld war doch da.»

Der einst hünenhafte Mann sitzt im Rollstuhl an seinem
Lieblingsplatz, dem wuchtigen Schreibtisch mit Blick durch

die große Fensterscheibe in den Garten am Waldrand in Oberrad, in dem all die rauschenden Gartenfeste stattfanden. Am Telefon hat er gesagt: «Kommen Sie bald, und rufen Sie am Tag vorher noch einmal an. Ich bin ein Mann von 92 Jahren, da ist es mit langfristigen Verabredungen so eine Sache.» Dann hat er gelacht. Männer wie Hoffmann sind kluge und dankbare Gesprächspartner, weil sie vieles erreicht haben und nichts mehr erreichen wollen. Außer vielleicht eine gute Erinnerung an sich.

Zuletzt hat er ein Buch über seine Zeit in der Hitlerjugend und als kriegsfreiwilliger Offiziersanwärter und Fallschirmjäger der Wehrmacht während der alliierten Invasion in der Normandie veröffentlicht. Er geriet dort in Gefangenschaft. «Kennen Sie den Film ‹Der Soldat James Ryan› von Spielberg? So war es damals im Krieg in Frankreich!» In dem Buch rechnet Hoffmann auch mit der AfD ab, die Gefahr laufe, Deutschland erneut in dunkle Zeiten zu führen. Deshalb ärgert er sich über seinen ehemaligen Freund. Auch Gauland bezeichnet ihn so.

Ein paar Tage nach der Bundestagswahl zierte Gauland die Titelseite des *Spiegel*. Er im Bildhintergrund und mit dem überlegenen zynischem Grinsen, das er nur selten zeigt, vorn Alice Weidel, unter ihnen eine kleine, verzweifelte Angela Merkel, die drein schaut, als habe sie gerade Milch verschüttet. Nachdem er das Heft zur Seite gelegt hatte, rief Hoffmann Gauland ein letztes Mal an: «Ich habe gesagt, ich wundere mich, dass Du sonst im Schatten gearbeitet und gewirkt hast und jetzt im *Spiegel* auf Seite eins stehst. Da sagte er bloß, ‹so spielt das Leben›.» Anders als Hoffmann will Gauland noch viel erreichen. Deshalb sind all seine Aussagen geprägt von strategischen Überlegungen. Beim Zuhörer lösen sie zwangsläufig einen kurzen inneren Monolog aus, der immer wieder mit der gleichen Frage beginnt: Warum sagt er das?

Hoffmann hat eine einfache Antwort auf die Frage nach den Wandel Gaulands: «Nach Jahrzehnten im Schatten wollte er einfach selbst auf die Titelseiten.»

Bleibt an den ehemaligen Kulturdezernenten die Frage, wie Gauland es auf die Titelseiten geschafft hat. «Er ist ein Pragmatiker in der Durchsetzung seiner Ziele, so hat er früher an meiner Seite die ‹Kultur für alle› durchgesetzt, und so hat er jetzt seinen Weg ins Licht verfolgt.» Peter Iden, der Gauland noch besser kennt, vor allem auch dessen depressives Leiden, attestiert Gauland krankhafte Züge: «Ich vermute wirklich, dass es eine Art narzisstischer Störung bei ihm ist.»

7. Er war Tronkenburg

Martin Walser hat schon 20 Jahre vor Gründung der AfD
einen luziden Schlüsselroman über Gauland geschrieben

Vier Jahre lang war Gauland Chef der Staatskanzlei in Wiesbaden. Wie schon bei der Wahl zum Oberbürgermeister in
Frankfurt, war Wallmann auch bei der Landtagswahl 1987
das Kunststück gelungen, die Vorherrschaft der SPD in Hessen zu brechen. Dieses Mal allerdings endete der Wahlabend
mit einem denkbar knappen Ergebnis. Bis zum Schluss waren die Verhältnisse offen. Um 19:07 Uhr, nach den ersten
Hochrechnungen im ZDF, wettete der damals noch grüne
Politiker Otto Schily eine Flasche italienischen Spitzenwein
auf eine Mehrheit für Rot-Grün. Um 21:18 Uhr verkündete
der Wahlleiter dann die schwarz-gelbe Mehrheit für CDU
und FDP.[1] Fortan bestand eine der Aufgaben des Leiters der
Staatskanzlei Dr. Gauland darin, das Personaltableau im bü-
rokratischen Apparat zu ordnen. Er war auf dem Höhepunkt
seiner Laufbahn als politischer Beamter angelangt. Statt in
Wiesbaden wohnte er aber lieber weiter in Frankfurt.

Er erinnert sich an eine Mitarbeiterin der Staatskanzlei,
die er zunächst nur aus dem Organigramm kannte, nicht persönlich. Die Ökonomin war SPD-Mitglied, einst auch Be-
zirksvorsitzende der hessischen Jusos, und seit zwei Jahren
als Redenschreiberin beschäftigt. Das könne sie aber unter
einer CDU-Landesregierung nicht mehr mit ihrem Gewissen
vereinbaren, sagte sie im Gespräch mit dem neuen Behörden-

leiter. Gauland erinnerte sie daraufhin an ihre Pflichten. «Drei Wochen später kam sie wieder zu mir, mit der Bitte um Beurlaubung, die ich dann auch ausgesprochen habe, so ist es ja üblich.» Daraufhin wurde Christa Müller in der Bonner Parteizentrale der SPD angestellt und lernte ihren späteren Mann kennen, der dann kurz nach der Wiedervereinigung als Kanzlerkandidat der SPD gegen Kohl antrat. Gauland muss selbst ein bisschen lachen, als er sagt. «Die Müller verdankt Lafontaine mir.»

Eine Personalentscheidung Gaulands aus dieser Zeit formte der Schriftsteller Martin Walser ein paar Jahre später zu einem Schlüsselroman. Zuvor wurde der Stoff, der auf Landesebene eine veritable Krise ausgelöst hatte, als «Affäre Gauland» in der regionalen Presse verhandelt. In *Finks Krieg* erzählt Walser vom Konflikt um eine Stellenbesetzung in der hessischen Staatskanzlei über den inneren Monolog eines Leitenden Ministerialrats: Stefan Fink ist Sozialdemokrat und seit 18 Jahren der Verbindungsmann zwischen der Landesregierung und den Kirchen. Im Zuge der politischen Veränderungen soll er umgesetzt werden, teilt ihm der Chef der Staatskanzlei, Herr Tronkenburg, mit. Ein Parteifreund des neuen Ministerpräsidenten soll künftig die Stelle einnehmen.

Gleich zu Beginn führt Fink seinen Gegenspieler mit einigen Beobachtungen ein. Er nimmt ihm übel, dass dieser auf den Händedruck verzichtet, und sieht ihn wegen seiner offensichtlich bewusst verschleierten Herkunft als Imitator entlarvt. «Herr Tronkenburg war aber aus der DDR zu uns gekommen. Ein Sachse ohne Akzent. Wenn er überhaupt einen Akzent hatte, dann einen rheinischen.»[2] Fink, das zeigt sich gleich auf den ersten Seiten, arbeitet sich an Tronkenburg ab. «Mich erinnerte er, trotz seiner feinen Londoner Aufmachung, an meine Fähnleinführer. Wahrscheinlich der Blick, das Kinn, der Mund. Nein, nur der Blick.»

Fink wittert eine Intrige und zieht in den Krieg. Gegen den selbstgewissen Staatssekretär, der von einem überlegenen Gefühl der Macht erfüllt zu sein scheint. «Der merkte nur, was ihm guttat [...]. Er war an der Macht», muss der zunächst ohnmächtige Fink feststellen. «Weil der, dem er die Reden geschrieben hatte, Ministerpräsident geworden war [...]. Dass dieser Herr nicht in der braven Beamtenstadt Wiesbaden, sondern im flottesten Frankfurt wohnte, setzte ich einfach voraus.»[3] In der gerichtlichen Auseinandersetzung erklärt Tronkenburg schließlich an Eides statt, dass es aus der katholischen Kirche Beschwerden gegen Fink gegeben habe. Seine Quellen will er zum Wohl des Landes schützen. Fink zeigt ihn wegen Meineids an. Längst dokumentiert er jede Wendung der Auseinandersetzung, die Aktenordner zeichnet er mit DGG – David gegen Goliath. Im Verlauf der zähen und langwierigen juristischen Auseinandersetzungen verliert Tronkenburgs Partei die nächste Wahl, die Landesregierung wechselt erneut die Farben. Fink erhält seinen alten Posten zurück, und das Verfahren gegen den ehemaligen Staatssekretär wird eingestellt. Fink aber führt seinen Krieg unbarmherzig weiter, er sinnt auf Rache: «Den Tronkenburg bring ich ins Gefängnis.» Doch das gelingt ihm nicht. Er verkämpft sich und verliert völlig überreizt die Kontrolle über sein Leben, das er gänzlich der Auseinandersetzung mit Tronkenburg unterordnet. Seine Verbitterung mündet in der persönlichen Isolation. Schließlich begibt er sich ins Kloster.

Walser liefert mit diesem Roman eine neuzeitliche Version der berühmten Novelle von Kleist über den Rosshändler Michael Kohlhaas. Dort war die Tronkenburg der Sitz seines Feindes, des Junkers, der sein «Rechtgefühl» in einer Weise verletzt hatte, dass Kohlhaas schließlich zum Mörder wurde. So kam Gauland zu seinem literarischen Namen Tronkenburg.

Der Roman erschien 1996, fünf Jahre nach dem Ende der CDU-Landesregierung unter Wallmann. Der einstige Leiter der hessischen Staatskanzlei bekleidete längst seine neue Position als Herausgeber der *Märkischen Allgemeinen* in Potsdam. Dass er selbst in den Mittelpunkt der Berichterstattung geriet, war neu für ihn: «Es war auch am Anfang nicht angenehm. Das will ich gern zugeben», sagt er. Gleich nach Erscheinen werden die Figuren des Romans in der Presse entschlüsselt. Man fragt sich, ob Gauland juristisch gegen das Buch vorgehen wird. Aus der Sicht des Ministerialbeamten Rudolf Wirtz erzählt Walser so eng an den tatsächlichen Begebenheiten, dass eine einstweilige Verfügung gegen das Buch möglich scheint. Walser hatte seinen Stoff aus 50 Aktenordnern gewoben, den akribischen Recherchen des Beamten Wirtz. «Nachdem ich das Buch gelesen habe, dachte ich, das hat keinen Zweck», sagt Gauland. Er verzichtete auf einen Rechtsstreit. «Zumal mein Gegner auch nicht gerade gut wegkommt.» Diesen Satz betont er.

Die FAZ, von Fink im Roman als «Edelmistblatt» tituliert, bringt einen Vorabdruck. Und Gauland bekommt die Möglichkeit, das Buch aus der Sicht Tronkenburgs zu besprechen. Unter der Überschrift «Ich war Tronkenburg» schreibt er seine «Ansichten einer Romanfigur» auf, für die er in die dritte Person wechselt und deren Agieren er selbstverständlich rechtfertigt. Am Ende spricht er dem Buch bockig die Qualität des großen Gesellschaftsromans ab, die Frank Schirrmacher Walser in seiner Rezension bescheinigt hatte.[4] Auch für Tronkenburg konnte es wohl keinen Frieden geben. Sein Gegner Fink, der Leitende Ministerialbeamte Wirtz, wird im Jahr der Romanveröffentlichung pensioniert.

Wie bei anderen Werken auch, die eine gewisse Aufmerksamkeit erreichen – sei es ein Kinofilm, ein Theaterstück, eine Fernsehdokumentation oder eben ein Roman –, haben viele Menschen eine Meinung dazu. Aber unter den hessi-schen Weggefährten Gaulands finden sich nur einzelne, die *Finks Krieg* tatsächlich gelesen haben. Konrad Adam hat es getan. «Ich glaube, dass Walser unabhängig von der dichteri-schen Freiheit die Sache genauer getroffen hat, als ich ur-sprünglich wahrhaben wollte», sagt er heute. So träfen die messerscharfen Sätze zu Tronkenburg ins Schwarze. «Ob-wohl er selbst ja nie auftritt. Er agiert nur immer im Hinter-grund. Allein das ist ein Indiz dafür, dass Walser mit einem gewissen Instinkt seine Rolle richtig gezeichnet hat. Tron-kenburg tritt nie an die Kante der Bühne. Sein Feld sind die Kulissen hinter den Kulissen.»

Es heißt, die vier Jahre in Wiesbaden seien weder für den Ministerpräsidenten noch für den Leiter seiner Staatskanzlei glücklich verlaufen. «Wallmann hat das Land nicht so in den Griff bekommen, wie die Stadt», sagt Gerhardt. Schon in der nächsten Wahl verlor Schwarz-Gelb seine knappe Mehrheit wieder, und mit dem jungen SPD-Ministerpräsidenten Hans Eichel erschien ein neuer Stern am politischen Himmel. Ein-einviertel Jahre zuvor war in Deutschland die Mauer gefallen. Zahlreiche hessische CDU-Karrieren fanden nun nach der verlorenen Wahl ihre Fortsetzung im Partnerland Thüringen. Andere nahmen zeitverzögert zu Hause einen erfolgreichen Fortgang: Christean Wagners Karriere etwa, und vor allem die von Volker Bouffier, dem heutigen Ministerpräsidenten Hessens, der der Regierung Wallmann als Staatssekretär im Justizministerium gedient hat. Er ist der Nachfolger Roland Kochs, der nach Wallmanns Ende zum starken Mann in der hessischen CDU aufstieg.

Bouffier und Koch gehörten zur sogenannten Tankstel-len-Connection, benannt nach der Raststätte Wetterau an der A5 nördlich von Frankfurt. Dort hatten einige junge CDU-Funktionäre aus verschiedenen Teilen Hessens bereits Anfang der 8oer Jahre zusammengefunden. Gemeinsam wollten sie in die Hierarchie eindringen. Bei parteiinternen Wahlen platzierten sie ihre Kandidaten und sorgten wechselseitig für Mehrheiten. Auch Franz Josef Jung aus Eltville im Rheingau war mit von der Partie, der spätere Bundesverteidigungs-minister. Bouffier galt als Kopf der Gruppe: «Wir wollten das Land erobern. Das hielt uns zusammen und trieb uns an.»[5] Ihr Plan ging auf. Es war die CDU-Generation, die nach dem über lange Zeit bestimmenden Landeschef Dregger kam.

Zwei Monate nach der verlorenen Wahl verabschiedete Wallmann sich auch vom Landesvorsitz seiner Partei und trat den Rückzug ins Private an. Den allgemeinen Gepflogenhei-ten folgend, tat er sich zuvor für seinen jahrelangen loyalen Begleiter um. «Er hatte sich bei Helmut Kohl für mich be-müht, über den er mir die Stelle bei der Konrad-Adenauer-Stiftung in Brüssel anbot. Das wollte ich nicht, weil ich nicht abhängig sein wollte», sagt Gauland heute. In der hessischen CDU gab es keine Verwendung mehr für ihn. Ohnehin war er ihr seltsam fremd geblieben.

Gauland war 50 Jahre alt. Seine Frau hatte aufgehört zu arbeiten, die Tochter ging inzwischen aufs Gymnasium, und er drohte in ein Loch zu fallen. So wie 17 Jahre zuvor, als nach dem Rücktritt Willy Brandts Gaulands Laufbahn im Bundespresseamt ein jähes Ende nahm: Drei Jahre war er im Bundespresseamt, hatte eine Auslandsstation als Presseatta-ché in Edinburgh durchlaufen, war verbeamtet worden und arbeitete dem liberalen Regierungssprecher Rüdiger von Wechmar zu. Dessen Nachfolger Klaus Bölling allerdings wähnte Gauland nach dessen Schilderung als Teil einer CDU-Seilschaft in der Behörde und gab ihm zu verstehen, er habe dort keine Zukunft. Gauland fühlte sich ungerecht behandelt und bewarb sich auf freie Stellen im Unionslager. So wurde er vorstellig bei einem Mitarbeiter im Büro von Franz Josef

Strauß, «dem ich aber wohl nicht bayerisch genug war».
Schließlich fragte Wallmann ihn an. Der Marburger Bundes-
tagsabgeordnete war einer seiner Vorgänger als Universitäts-
ältester beim RCDS gewesen und dessen jüngerer Bruder
Wilhelm ein enger Kommilitone Gaulands. Er sagte zu, ließ
sich vom Bundespresseamt freistellen und war fortan «Wallmanns Taschenträger», wie ihn heute ein ehemaliger Kollege
aus der Frankfurter Stadtverwaltung tituliert.

Seit den Tagen des Guillaume-Untersuchungsausschusses
hatte Wallmann ihn mitgezogen, damit war nun nach der verlorenen Landtagswahl Schluss. Auch die Partei gab Gauland
keinen Halt. Dafür hatte er sich all die Jahre lang viel zu sehr
außerhalb dieses Apparats bewegt. Gaulands Lebenstempo
sank von 100 auf null. Für einen depressiven Menschen, dem
enge Freunde eine narzisstische Störung attestieren, sind das
die Voraussetzungen für eine Lebenskrise.

Schließlich ergab sich eine Perspektive über die stets ge-
pflegten Verbindungen in die Verlagswelt. Gemeinsam mit
dem Präsidenten des Verbands Hessischer Zeitungsverleger,
Hans-Wolfgang Pfeifer, hatte Gauland als Chef der Staatskanzlei für das Zustandekommen eines Landesmediengesetzes gesorgt. Wallmann hatte den Radiomarkt dereguliert.
Damit konnte 1989 in Hessen zum ersten Mal ein privates
Radio auf Sendung gehen – Hit Radio FHH, heute der zweit-
größte private Radiosender in Deutschland. 36 Zeitungsver-
lage waren daran beteiligt. Gauland und der zehn Jahre ältere
Pfeifer kannten sich gut. Dieser war im Brotberuf Geschäftsführer der FAZ-Verlagsgruppe. Dem «Edelmistblatt» fühlte
Gauland sich seit seiner Zeit im Römer auf vielfache Weise
verbunden.

Gleich nach dem Mauerfall begann der Verteilungskampf
um den Medienmarkt in der zusammengebrochenen DDR.
Dabei hatten es westdeutsche Zeitungshäuser vor allem auf

Er war Tronkenburg

die in den jeweiligen Bezirken der DDR täglich erscheinenden Parteizeitungen abgesehen. Die Verlagsgruppe der FAZ hatte gerade eine SED-Zeitung in Brandenburg gekauft und suchte einen Herausgeber, einen Frankfurter Statthalter in Potsdam. Gauland verwahrt sich gegen den Verdacht, der sich bis heute in Frankfurt hält. Dass nämlich diese Position eine Art Gratifikation für das Zustandekommen des Landesmediengesetzes gewesen sei. Diese Sache hätte zumindest Geschmäckle. Dem Vernehmen nach hegte selbst Wallmann leise diesen Verdacht. Nach eigener Aussage war Gauland auch als Geschäftsführer der Hessischen Kulturstiftung im Gespräch, der Pfeifer vorsaß. Auch bei der Gründung der Kulturstiftung des Landes hatte er mitgewirkt. «Als es dann vorbei war, hatte ich mir vorgestellt, die Hessische Kulturstiftung zu leiten», sagt er heute. Inhaltlich wäre das die ideale Entsprechung zu seinem jahrelangen Wirken als De-facto-Kulturpolitiker neben dem Frankfurter Dezernenten Hoffmann gewesen. Allerdings sei er nach dem Farbenwechsel der Landesregierung nicht mehr durchsetzbar gewesen. Später hat auch bei der Hessischen Kulturstiftung die Tankstellen-Connection das Ruder übernommen.

Dem Verdacht, dass seine Stelle als Generalbevollmächtigter der FAZ in Potsdam vor allem den Zweck hatte, ihn zu versorgen, widerspricht Gauland heftig. «Das war bestimmt kein Versorgungsposten.» Pfeifer habe schlicht niemanden Geeignetes gefunden, der eine Funktion bei dieser SED-Zeitung übernehmen wollte. Dann habe er sich an ihn gewandt. «Sie kennen doch die Ossis. Sie sind ja selber mal einer gewesen, können Sie nicht für mich den Herausgeber spielen?», habe Pfeifer ihn gefragt. «Das habe ich dann gemacht.» Auch für diesen Weg des einstigen Staatssekretärs fand Walser in *Finks Krieg* eine Deutung. «Und Tronkenburg ritt indes nach Osten. Für die nobelste Medienmacht [...]. Die neuen Bun-

desländer sind ja dazu da, hier in Zweifel Geratene aufzuneh-
men, zu ehren und zu mästen, dass sie dann, sobald hier alle
Widrigkeiten niedergewalzt sind, um so strahlender zurück-
kehren können. Früher hat man die momentan Angekratzten
in die Kolonien geschickt ...»[6]

Er war Tronkenburg

8. Sein Spiel mit der «Lügenpresse»

Gauland hat Freude am Umgang mit Journalisten und an der Zeitungslektüre. Das ändert nichts an der Verachtung der freien Presse in seiner Partei

Seit den Stunden vor dem Radio in Karl-Marx-Stadt ist für Alexander Gauland ein Leben ohne Berichterstattung freier Medien undenkbar. Auch die Zeit als Berufsanfänger im Bundespresseamt hat ihn geprägt. Was ihm früher der deutsche Dienst der BBC war, ist ihm heute der Deutschlandfunk. Darüber informiert er sich, wenn er in seiner schwarzen Jaguar-Limousine über Potsdamer Straßen oder deutsche Autobahnen gleitet. In letzter Zeit fährt er allerdings immer weniger selbst mit dem Auto; nun lässt er sich fahren. Gauland ist ein Fan vom Deutschlandfunk, weil er Qualitätsjournalismus zu schätzen weiß. Dass nur wenige seiner Anhänger auch so denken, ist gut für ihn, weil es gut ist für die AfD. Ihre Medienfeindlichkeit gibt ihm Auftrieb, bringt den Widerstand in Stellung, während er selbst das Spiel mit diesen Medien beherrscht. Er hat es früh gelernt und es macht ihm immer noch Spaß.

Natürlich weiß er, dass die Rede von «Systemmedien» Unfug ist. Dass niemand in Deutschland dazu in der Lage ist, «die Medien» zentral zu steuern, wie viele seiner Anhänger glauben. Nicht die gebührenfinanzierten ARD und ZDF, nicht *Spiegel*, *Stern*, *taz* und *Zeit*, auch nicht RTL, *Bild* oder Sat.1. Es gibt einen starken Wettbewerbsdruck, Redaktionen

mit einem eigenen Selbstverständnis sowie ähnlichen Werte-
vorstellungen, an denen sich viele Journalisten orientieren.
Sie glauben zu wissen, was richtig oder falsch ist, aber niemand diktiert es ihnen. Gauland weiß das, und als Bürger
dieses Landes genießt er die bundesdeutsche Medienplurali-
tät. Aber warum sollte er seine Anhänger von dem Gegenteil
dessen überzeugen, was sie selbst denken wollen? Damit
würde er sich und seiner Partei nur schaden. Statt eine Lanze
für die Freiheit der Medien zu brechen, bestätigt er öffentlich
lieber die Vorstellungen derer, die an die Existenz der Lügenpresse glauben. Die AfD lebt auch von der Unterstellung, die
als «Systemmedien» Diffamierten würden absichtlich lügen
und planmäßig Unwahrheiten in die Welt setzen. Gauland
weiß, dass es nicht so ist. Doch die erklärte Feindschaft zu
den Medien gehört zum Grundgepäck im politischen Lager
rechts der Unionsparteien, so wie die freie Presse auf der
ganzen Welt der Feind von Extremisten und Autokraten ist.

Gaulands AfD hat sich früh dem Kurs angeschlossen, der
die «populistische nationalistische Bewegung»[1], wie Steve
Bannon sie nennt, der Chefideologe der populistischen Rechten weltweit, international zu Erfolgen geführt hat. Vor allem
in Osteuropa, aber auch in den USA, wo Bannon entscheidend mitgeholfen hat, Donald Trump den Weg ins Weiße
Haus zu ebnen: mittels einer medienfeindlichen Kampagne
und der Einrichtung einer rechten Gegenöffentlichkeit unter
anderem über das rechtsextreme Internetportal «Breitbart».
Den Mechanismen von Fake News und rechter Gegenöffentlichkeit im Internet stand Gauland von Anfang an aufgeschlossen gegenüber. Doch er kokettiert gern damit, dass er
vom Internet nichts versteht, und überlässt die konkrete Arbeit Jüngeren in der Partei, vor allem Storch und Weidel, die
auch im persönlichen Austausch mit Bannon stehen. Für den
Bundestagswahlkampf haben die beiden Spitzenkandidaten

sich nicht von ungefähr derselben Internetagentur bedient wie Trump und drei Fachleute dieser Werbeagentur in die AfD-Zentrale geholt. Diese zogen eine Hasskampagne im Netz ab, wie Deutschland sie bis dahin nicht erlebt hatte. So wurde auf Online-Plakaten eine blutige Reifenspur über den Landmarken verschiedener Terroranschläge in Europa Angela Merkel zugeschrieben. Auf diese Methoden angesprochen, redete sich der seit 45 Jahren im politischen Geschäft aktive Gauland mit den Worten heraus: «Wir sind ja keine Berufspolitiker in dem Sinne. Das ist bei uns alles noch sehr einfach und dilettantisch.»

So macht Gauland sich faktisch zum Feind der Pressefreiheit. Auch durch seine Duldung häufen sich körperliche Angriffe und Drohungen gegen Medienvertreter auf Demonstrationen, Beleidigungen und Hasskampagnen gegen Journalisten, die unliebsam über die AfD berichten oder konträre Meinungen kundtun. Er aber beginnt jeden Tag zu Hause in der Berliner Vorstadt mit der Zeitungslektüre von *FAZ*, *Welt* und *Tagesspiegel*.

Die gezielt verbreitete Medienfeindlichkeit ist eine Triebkraft des außerparlamentarischen Protests, der die AfD entscheidend mitträgt. Es waren Hooligans und Neonazis auf den ersten Pegida-Demonstrationen, die vom Rand der Menschenmenge abgestimmt den völkischen Kampfbegriff «Lügenpresse» intonierten, der dann immer mehr auch vom Chor der breiten Masse skandiert wurde.[2] Bis heute hagelt es auf den meisten Demonstrationen der Neuen Rechten medienfeindliche Rednerbeiträge, auch bei AfD-Kundgebungen. Gauland baut den Zuhörern dort in seinen Reden eine Rampe, über die sie ihren Medienhass entladen können.

So wie auf einer Demonstration in Cottbus an einem dunklen Novemberabend 2015. Neben Höcke schreitet er einem Demonstrationszug von 600 Menschen durch die Altstadt voran. «Die Stimme der Bürger – unser Programm» steht auf dem blauen Banner, hinter dem er spaziert. Zuvor hatten Höcke und er auf der Kundgebung vor der Oberkirche die Menge auch mit Medienschelte angeheizt, «Lügenpresse, Lügenpresse» kam die einstudierte Antwort aus der Menge. Am Rande des Protestzugs passiert es dann: Erst wird eine erfahrene ZDF-Korrespondentin während eines Interviews angepöbelt, dann angerempelt, ihr Kameramann erhält einen Schlag. Zuvor hatte sie einzelne Demonstrationsteilnehmer befragt, warum sie hier mitlaufen. Die Menge skandiert jetzt lautstark «Lügenpresse», die Stimmung ist aufgeheizt, die Situation für das ZDF-Team spitzt sich zu, Gauland spaziert stoisch weiter. Es hat den Anschein, als würde er die Szene bewusst ignorieren. Die wenigen Polizisten halten Distanz, Gegendemonstranten gibt es nicht. Im Anschluss konfrontiert die Angegriffene Gauland und Höcke mit dem Vorfall. Beide wiegeln ab. Immerhin entschuldigt sich Gauland später bei der Journalistin, die er aus dem Landtag kennt. Der Deutsche Journalistenverband führt inzwischen eine Liste solcher Angriffe, die Organisation «Reporter ohne Grenzen» sieht die Pressefreiheit in Deutschland ernsthaft in Gefahr. Und Gauland?

Der sitzt tags darauf übermüdet im Zollernhof Unter den Linden in Berlin im ZDF-Hauptstadtstudio. Im Morgenmagazin spricht er relativierend von einem «Ausrutscher», der sich aber so oder ähnlich auf sämtlichen seiner Kundgebungen zuträgt. «Man muss sehen, dass diese Menschen über vieles empört sind, was sie sehen. Weil sie glauben, sie kommen selber im Fernsehen nicht vor. Sie kommen mit ihren Bedenken und Sorgen und der Ablehnung von Flüchtlingen nicht vor», sagt Gauland, der seine Bedenken im Fernsehen regelmäßig vortragen darf. Den Begriff «Lügenpresse» macht er sich selbst nicht zu eigen, stellt sich aber vor diejenigen, die ihn gebrauchen: «Die Menschen versuchen, sich Luft zu verschaffen. Ich habe das Wort nicht gebraucht. Und ich finde es auch undifferenziert und falsch. Aber ich habe ja gerade dargestellt: das ist der Ausdruck von Zorn.» Das ist seine Art, den Wütenden und zum Teil auch Gewalttätigen recht zu geben. Er bestätigt sie, indem er sich nicht von ihnen distanziert und Verständnis für ihre Motive vorträgt. Diese Methode ist es, die ihn zu einem gefährlichen Brandstifter hat werden lassen.

Offensichtlicher persönlicher Kontakt zu ihm gibt Journalisten auf Kundgebungen seiner Bewegung einen gewissen Schutz. Eine höfliche Begrüßung, ein kurzes Gespräch mit Gauland, der den ihm bekannten Reporter stets mit Namen anspricht, so dass es jeder in seiner Umgebung hören kann. Das sind paradoxe Momente, ein stilles Einverständnis zwischen ihm und demjenigen, der als Journalist seine Arbeit erledigt. Viele seiner Parteikollegen würden gekränkt auf die massive Kritik reagieren, die sie als AfDler von der Berichterstattung erfahren. So beschreibt es Gauland selbst. «Sie wissen doch, dass einige von uns nicht so gerne mit den Medien sprechen, auch weil sie eine andere politische Sozialisation haben», sagt er etwa über seinen Nachfolger in Brandenburg. Seit er Andreas Kalbitz den Platz als Landeschef überlassen hat, ist dieser zu einem einflussreichen Kopf in der Bundes-AfD geworden. Kalbitz' politische Sozialisation fand auch in rechtsextremen Kreisen statt, die sich gegen die Öffentlichkeit abdichten. Um ein professionelles Verhältnis zu Journalisten bemüht sich der ehemalige Zeitsoldat und gescheiterte Kleinverleger erst in jüngster Zeit. Aber das gelingt ihm nicht, weil ihm die freie Presse zuwider ist.

So schloss er gegen die geltenden Gepflogenheiten einen Reporter der *Bild*-Zeitung aus der Landespressekonferenz in

Potsdam aus, weil ihm dessen Berichterstattung nicht passte. Auf AfD-Kundgebungen spricht er im rechtsextremen Duktus vom «politisch-medialen-Komplex». Auch anderen AfD-Spitzen gelingt es nicht, nach dem Vorbild Gaulands mit Medienvertretern umzugehen. Der thüringische Landesvorsitzende Höcke ignoriert diese vielfach, lässt kaum Nachfragen zu, kommuniziert stattdessen vor allem über die eigenen Kanäle der rechten Gegenöffentlichkeit. Auch aus diesem Grund taugt der an der Parteibasis beliebte Höcke nicht als bundespolitisches Gesicht der AfD, weil er es der Medienöffentlichkeit nicht gerne zeigt. In Berlin wäre er verloren. Deshalb ist es Gauland lieb, dass Höcke politisch dort bleibt, wo er ist, in Erfurt.

Sein Berliner Kollege Pazderski hat kritische Journalisten aus dem öffentlich-rechtlichen Rundfunk schriftlich als «Linksextremisten» diffamiert. Einzelnen droht er, sie aus dem Senderbetrieb zu «entfernen», sobald seine Partei in dem betreffenden Rundfunkrat sitze. Das sei schließlich über kurz oder lang der Fall. «Also suchen Sie sich schon mal etwas Neues!» Petry brach Interviews nach unliebsamen Fragen forsch ab und schloss ganze Redaktionen von ihrer Medienarbeit aus. Auch von Parteitagen wurden einzelne Medien ausgeschlossen, mancher fand gänzlich unter Ausschluss der Öffentlichkeit statt. Zustände, wie sie Medienvertreter bis dato einzig bei der rechtsextremen NPD erlebt hatten, bei der Journalisten schon mal vom Parteitagspodium hinab als «Schmeißfliegen» beschimpft wurden, bevor sie kollektiv ausgeschlossen wurden.

Auch den Klageweg beschreiten AfD-Politiker häufig, um gegen einzelne Veröffentlichungen vorzugehen. Für die Rechtsabteilungen deutscher Medienhäuser zählt die AfD längst zur lästigen Stammkundschaft, nicht dagegen ihr wichtigster Kopf: «Auf die Idee komme ich gar nicht, juristisch gegen Journalisten vorzugehen. Das hat sowieso keinen Zweck», sagt der einstige Zeitungsherausgeber.

Er persönlich findet Gefallen am Umgang mit denen, die sich intensiv mit seinen politischen Angelegenheiten beschäftigen. Für ihn ist es ein intellektuelles Sparring, das die Sinne schärft und das Arsenal seiner Argumente auffüllt. Er will sich das Wissen seiner Fragesteller aneignen, ihre Einschätzungen und Beobachtungen. Schließlich sind seine Gelegenheiten zu kritisch-intellektuellen Auseinandersetzungen zuletzt rar geworden. Weil sich die meisten derjenigen, mit denen er früher solche Gespräche geführt hat, von ihm verabschiedet haben. Gauland wurde aus den Salons verbannt, in denen er einst so gerne verkehrte, um über Politik und Literatur zu reden.

Der Politikchef der *Zeit*, die für seine Partei zuständige Redakteurin des *Spiegel*, Gauland lässt gerne Namen fallen, er ist ein notorischer Namedropper. Auch wenn er mit jenem «selten einer Meinung» ist, oder diese, «wie Sie wissen, keine Freundin unserer Partei ist». Die Betrachtung der AfD und auch seiner persönlichen Arbeit in den bedeutenden deutschen Printmedien ist für ihn zentral. Er nimmt sich viel Zeit für Journalisten. Das ist eine Antwort auf die Frage nach seinem Erfolg. Gauland verfügt über die Fähigkeit, Kritik nicht persönlich zu nehmen, sondern sie für sich zu nutzen. Zuweilen meldet er sich persönlich, wenn er mit einem Text über die AfD nicht einverstanden ist, dem er Bedeutung beimisst. In der Folge verabredet er sich dann auch schon mal zu einem persönlichen Streitgespräch, um die Sache zu diskutieren. Vor allem versucht Gauland, Persönliches aus dem Umgang mit Journalisten auszuklammern. Seinem ersten Pressesprecher in der Potsdamer Landtagsfraktion war das nicht gelungen. Nachdem dieser seinen Job als Moderator bei der Landeswelle «Antenne Brandenburg» verloren hatte, engagierte er sich in der neu gegründeten AfD und arbeitete sich bei jeder sich bietenden Gelegenheit an seinem ehemaligen Arbeitgeber ab. Spitz, beleidigend, unprofessionell. Nachdem Gauland Klagen über den Sprecher zu Ohren gekommen waren, entband er ihn von dieser Aufgabe.

Im Vergleich zu den Mainstreammedien nimmt er die rechte Gegenöffentlichkeit aus Internetblogs, Verschwörungspublizistik oder dem Querfront-Magazin *Compact* mehr in Kauf, als dass er sie ernst nimmt als etwas anderes als ein funktionierendes Instrument der Parteipropaganda. Zumindest ein Stimmungsbild aus dem Inneren der Bewegung zeichnet die rechtskonservative *Junge Freiheit*, vor allem über ihre wöchentlichen Leitartikel. Kein anderes Medium ist näher an den AfD-internen Debatten. Einige Abgeordnete und Pressesprecher in Landtagen und im Bundestag haben den Weg in die AfD in der Redaktion dieser Zeitung begonnen, die sich Mitte der 1980er Jahre als Studentenzeitung im Freiburger Burschenschaftler-Milieu gegründet hat. Mit dem Erfolg der AfD stieg auch die Auflage der *Jungen Freiheit*. Wer sich ernsthaft mit der Partei beschäftigen will, kommt an diesem Blatt nicht vorbei.

Am Tag nach einer deutlich rassistisch eingefärbten Aschermittwochsrede des sachsen-anhaltinischen AfD-Vorsitzenden André Poggenburg in einem gut gefüllten sächsischen Festsaal – alle ostdeutschen Parteispitzen waren anwesend – ist das Medienecho groß, die Empörung dementsprechend. Gleich mehrere Kamerateams drängen sich durch die Sicherheitsschleuse ins Foyer des Abgeordnetenhauses. «Klar, die wollen heute alle zum Doktor Gauland», sagt einer der Kontrolleure in blauer Uniform und grinst. Das kenne man schon. Das sei immer so, wenn die Empörung über die AfD groß ist. Er sitzt derweil oben in seinem gläsernen Eckbüro mit Blick auf die Kuppel, vor ihm auf dem Tisch ein

Ausdruck von faz.net mit dem Aufreger des Tages. Poggenburg hatte die Mitglieder der Türkischen Gemeinde als «Kümmelhändler» und «Kameltreiber» verunglimpft, die sich «hinter den Bosporus zu ihren Lehmhütten, Ziegen und vielen Weibern scheren» sollten. Seine Zuhörer sprach er mit «Kameraden» und «Genossen» an.

Lange vor dieser Rede ist Poggenburg in seinem Landesverband höchst umstritten. In den Büros der Bundestagsfraktion heißt es schon zwei Wochen zuvor: «Der macht nicht mehr lange, dafür hat er zu viele in seinem Landesverband gegen sich, die wollen ihn nicht mehr.» Gauland ist darüber im Bilde. Er macht sich Sorgen. Nicht wegen Poggenburgs Hetze, die den Saal in Nentmannsdorf zum Johlen brachte, sondern um dessen Landesverband. Schließlich ist Sachsen-Anhalt ein wichtiges Bundesland für die AfD, die dort auf dem Weg zur Volkspartei ist. Ein innerhalb der Partei höchst umstrittener Landesvorsitzender ist eine Gefahr für die noch junge Partei. Eine Spaltung ist das, was Gauland unter allen Umständen verhindern will. Die rassistischen Passagen aus der Rede dagegen relativiert er. Wie in anderen Fällen auch. «Es ist eine drastische Sprache, aber es war ja Aschermittwoch.» Typisch Gauland. Er gibt sich entspannt, wiegelt und wartet ab. Für ihn stellt sich einzig die Frage, ob Poggenburg noch der richtige Mann für die AfD-Spitze in Sachsen-Anhalt ist. Die Antwort überlässt er seiner Partei.

Für Dieter Stein ist die Antwort klar. Dem einflussreichen Chefredakteur der *Jungen Freiheit* tun idealistische AfD-Mitglieder leid, die erleben müssen, wie AfD-Politiker alle Klischees erfüllen. So schreibt er es in seiner Kolumne in der Woche darauf: «Die AfD hat eine enormen Kredit aufgebaut. Sie hat dafür gesorgt, dass demokratisch legitimierter Protest endlich in den Parlamenten repräsentiert wird. Dass die Repräsentationslücke im deutschen Parteiensystem, die durch den Linkstrend der Union unter Merkel entstanden ist, geschlossen werden kann», um dann die entscheidende Frage zu formulieren: «Die AfD muss die Frage beantworten, ob sie diesen mühsam erarbeiteten Kredit so leichtfertig verspielen will.»[3] Zwei Wochen später tritt Poggenburg vom Landesvorsitz zurück. Seine Gegner haben sich durchgesetzt, die rassistische Rede war ein willkommener Anlass dafür. Noch dazu hat die Partei nach außen das Bild abgegeben, dass sie solche Entgleisungen nicht duldet. Die *Junge Freiheit* funktioniert als Instrument der bewegungsinternen Kommunikation. Aber nicht als Informationsquelle für Gauland.

9. Club der schönen Seelen

Es gab eine Zeit, in der Gauland gemeinsam mit Cohn-Bendit, Bubis, Enzensberger und Gauck etwas Gutes für Deutschland tun wollte

Es soll so etwas wie das gediegene Klassenzimmer der Frankfurter Schule gewesen sein. Adorno und die übrigen Denker versammelten sich regelmäßig hier im Café Laumer. Und natürlich war die Sponti-Gruppe um den jungen, wilden Joschka auch gelegentlich dort. Damals, am Anfang des langen Marsches durch die Institutionen, den Fischer mit der Einnahme des Chefsessels im Auswärtigen Amt beendete. Sein Freund und Mitstreiter Daniel Cohn-Bendit wurde in einer nach dem CDU-Intermezzo rot-grün regierten Stadt zunächst Leiter des neu geschaffenen Amtes für multikulturelle Angelegenheiten. Danach saß er jahrelang im Europaparlament, gab das Mandat jedoch beizeiten aus freien Stücken auf, um die ihm verbleibenden Jahre in seinem Frankfurt bei der Familie zu verbringen. Stolz berichtet er von seinem dritten Enkel. Er lebt jetzt in einer Alten-WG und verbindet offenbar ganz problemlos frühere linke Politikvorstellungen mit dem konservativen Wert der Familie. Sein ehemals roter Haarschopf ist schütter geworden, aber die lebendigen blauen Augen sind geblieben. Als Sprecher der revoltierenden Studenten in Paris im Sommer 1968 hatte Dany le Rouge, wie ihn die französischen Medien nannten, seine politische Laufbahn begonnen.

Nach seinem Herauswurf aus Frankreich ließ sich der Sohn jüdischer Remigranten in Frankfurt nieder. Mit Joschka Fischer, Thomas Schmid und anderen organisierte er sich dort in der Sponti-Gruppe «Revolutionärer Kampf». 1976 gründete er das legendäre Frankfurter Stadtmagazin *Pflasterstrand* – «Sous le pavés, la plage!» war ein Slogan der französischen Studentenbewegung, eine Anspielung auf den Sand unter den Pflastersteinen, die als Wurfgeschosse aus dem Straßenbelag gelockert wurden. In dem vierzehntägig erscheinenden Magazin zu Kultur, Debatte und Politik schrieben im Laufe der Jahre eine ganze Reihe illustrer Autoren, nicht nur aus der linken Szene. Darunter auch Gauland.

Entspannt hat Cohn-Bendit auf der gepolsterten Bank im Café Laumer Platz genommen. «Guten Tag, Herr Cohn-Bendit, wie geht es Ihrer Frau?», fragt höflich die Bedienung, adrett in schwarzem Rock und weißer Bluse. Er wirkt ein bisschen zerstreut. «Wenn der Gauland jetzt hier rein käme …», sagt er und lässt den Satz in der Luft hängen. Vielleicht wäre es wie früher. Ist das überhaupt noch möglich, wie früher?

Cohn-Bendit hielt Gauland in dessen Frankfurter Zeit für einen Intellektuellen und politisch für einen Liberalkonservativen, der versuchte, den Oberbürgermeister aus der stockkonservativen hessischen CDU für die weltoffene liberale Stadt in der Mitte zu verorten. In den Wiesbadener Jahren sei Gauland dann schon merklich konservativer geworden. Weil es die CDU im Landtag dort auch war. Er habe sich angepasst. Liberal in der Stadt, konservativ im Land. «Er hatte ein sehr realitätsbezogenes, instrumentelles Verhältnis zur Politik.» Nach der verlorenen Landtagswahl 1991 «hat man ihn vom Hof gejagt. Als der Wallmann weg war, war er auch weg», sagt Cohn-Bendit trocken. Im hessischen Partnerland Thüringen habe die CDU ihn nicht berücksichtigt, weil er die harte CDU-Linie nicht vertrat. «Er war sehr enttäuscht von der CDU, dass sie ihn nicht aufgefangen, sondern fallen gelassen hat, wie einen falschen Fuffziger.»

Cohn-Bendit erkennt deshalb im Anschluss an die Zeit in der Staatskanzlei einen deutlichen Bruch zwischen Gauland und seiner damaligen Partei. Der müsse mit einer Kränkung verbunden gewesen sein. Gauland selbst weist das auf Nachfrage mit Vehemenz zurück. Von einer Kränkung will er partout nichts wissen. Aber auch andere, die ihn in dieser Phase gekannt haben, gebrauchen dieses Wort. Ein intellektueller, älter werdender, gekränkter Mann mit besten Verbindungen: treffender kann man die Gründerfiguren der AfD nicht beschreiben, ob Adam, Henkel oder eben Gauland. (Der rund 20 Jahre jüngere Lucke war die beinahe jugendliche Ausnahme in dem Altherrenclub.) Von Anfang an war die AfD eine männlich dominierte Partei mit zwei Ressourcen im Übermaß: Zeit und Wut. Eine vergleichbare politische Interessengemeinschaft hatte es in diesem Land bis dato nicht gegeben. Das hat zum einen schlicht demographische Gründe: Noch nie hat es in Deutschland so viele gut ausgebildete, wohl situierte, rüstige Rentner gegeben, die nach dem Ende der Berufstätigkeit an schwindendem Einfluss und Beschäftigungslosigkeit leiden.

Gauland fand zunächst andere Wege, sich politisch weiter einzumischen: Ein paar Jahre nachdem die hessische CDU ihn hatte fallen lassen, kehrte der «momentan Angekratzte» aus den neuen Bundesländern zurück, um sich von Hessen aus in die große Politik einzumischen. Gemeinsam mit Cohn-Bendit und zahlreichen anderen intellektuellen Köpfen aus Wissenschaft und Politik engagierte er sich in der «Frankfurter Initiative» zur 1994 anstehenden Wahl des Bundespräsidenten. Es ging um die Nachfolge Richard von Weizsäckers. In einem westdeutschen Gesprächskreis entstand die Idee eines ostdeutschen Kandidaten für das höchste Amt im Staate: Jens Reich sollte es werden, Ostberliner Naturwissenschaftler, parteiloser Radikaldemokrat und Mitbegründer der DDR-Bürgerbewegung Neues Forum, das im Zusammenschluss Bündnis 90 bei den ersten freien Volkskammerwahlen antrat und dann in den Grünen aufging. Gauland verkündete damals im *Spiegel*: «Wir wollen die Diskussion um den Bundespräsidenten aus den Parteigrenzen herauslösen.» Die Grünen-Politikerin Antje Vollmer schwärmte gar von einer «Idee schöner Seelen».[1] Mit diesem Vorschlag hatte die Frankfurter Initiative erstmals in der Geschichte der Bundesrepublik das für diese Wahl übliche Rechts-Links-Schema durchbrochen. Cohn-Bendit erkennt in der gemeinsamen Aktion mit Gauland, Adam und einigen anderen Konservativen den frühen Ausdruck einer bürgerlichen schwarz-grünen Liaison. Sie wurde zwölf Jahre später tatsächlich im Frankfurter Römer vollzogen (und hatte immerhin zehn Jahre Bestand) und 2014 dann auch im hessischen Landtag.

Wortführer unter den 37 «schönen Seelen» war neben Gauland und Adam der inzwischen auch Journalist gewordene einstige Berufsrevolutionär Thomas Schmid, der seit Anfang der 80er Jahre als ideologischer Kopf des ökolibertären Flügels der Grünen für die Verbürgerlichung der Partei geworben hatte. Ihn führte sein Marsch durch die Institutionen schließlich in den Axel-Springer-Verlag, wo er bis zum Chefredakteur der *Welt* aufstieg. Schmid und Gauland waren lange befreundet. Aber als dieser öffentlich im Namen der AfD immer radikalere Positionen vertrat, brach der *Welt*-Publizist den Kontakt zu ihm ab. Gauland sah sich ins Unrecht gesetzt. Schließlich habe er damals im Römer stets das Gespräch mit Schmid und anderen Grünen wie Fischer und Cohn-Bendit aufrechterhalten, gegen allen Widerstand aus der CDU. Und jetzt schließt man ihn aus, meidet den Kontakt. «Das empfinde ich in höchstem Maße als unfair.» Cohn-Bendit hingegen stellt fest, dass Gauland damals nicht aus Nächstenliebe den Austausch mit einzelnen Grünen gesucht habe, sondern aus politischem Kalkül. Aber stets sei er höflich und ein guter Zuhörer gewesen. Da war er also wieder, der Mann, der den Zeitgeist erkennt, damals im Dialog mit den Grünen.

Die Frankfurter Initiative speiste sich auch aus diesen alten Verbindungen zu einzelnen hessischen Grünen. Man traf sich in der Villa Merton, die dem Union-Club gehört, einem der feinsten Clubs der Frankfurter Gesellschaft, in dem Gauland bis heute Mitglied ist.[2] Hermann Josef Abs hat ihn einst dort eingeführt. Das Haus ist für sein vorzügliches Restaurant bekannt sowie für die transatlantische Ausrichtung seiner Besucher. Es verfügt auch über ein Schwimmbad, das Gauland gerne genutzt hat. Als Treffpunkt für die offene Streitgesellschaft schien ihm das der geeignete Ort zu sein.

Mitinitiator Adam erinnert sich gerne an die Zusammenkünfte dort und an den intellektuellen Austausch in einem Gesprächskreis über Parteigrenzen hinweg: «Die Ostdeutschen sollten das Gefühl haben, in Bonn sitzt einer, der das erlebt hat, was wir auch erlebt haben.» Adam kramt einen Namen nach dem anderen aus seinem Gedächtnis hervor. «Unsere Reihen waren ein ziemlich buntes Gemisch, das ging von Joachim Fest und Arnulf Baring auf der rechten Seite bis zu Daniel Cohn-Bendit und Antje Vollmer auf der linken.»

Wie kommt einer, der einst zu den politischen Schöngeistern der Republik zählte, dazu, nun zur Jagd auf die pluralistische Gesellschaft zu blasen? Cohn-Bendit war vor allem überrascht, «dass ihn diese deutschnationale Grundausrichtung der AfD nicht stört». Davon habe er früher rein gar nichts gehabt. Die Hinwendung zur AfD erklärt er sich mit persönlichen Motiven, nicht politischen. «Er ist ein alter Mann, der alleine ist, ohne Enkelkinder, und sich gelangweilt hat.» Diesen Eindruck hatte er schon bei einer Zusammenkunft mit Gauland in der Zeit unmittelbar vor Gründung der AfD. Von diesem Treffen, einem langen Gespräch am Ufer des Genfer Sees, erzählt auch Gauland. Er schätzt bis heute die intellektuelle Kapazität Cohn-Bendits und dessen Fähigkeit, ideologische Grenzen zu überwinden. In seiner neuen Partei allerdings hat solch ein Respekt vor Andersdenkenden keinen Platz. In der AfD wird der politische Gegner gezielt zum Feind erklärt, schon um den Zusammenhalt des eigenen Lagers zu stärken. Cohn-Bendit geht so weit, in der AfD die neue Familie Gaulands zu sehen: «Und er ist das Oberhaupt, der Papst, der Obervater, und blüht auf unter diesen jungen Leuten in der AfD.»

Einer der wenigen Ostdeutschen in der Frankfurter Initiative war Joachim Gauck, der dann später selbst zum ersten ostdeutschen Bundespräsidenten gewählt wurde. Ignatz Bubis war ebenfalls mit dabei, Vorsitzender des Zentralrats der Juden, für die FDP im Frankfurter Magistrat und selbst kurzzeitig im Gespräch als Kandidat für die Wahl des Bundespräsidenten. Auch der Schriftsteller Hans Magnus Enzensberger und der Soziologe Wolf Lepenies, der bereits mit in der Jury zur Verleihung der Adorno-Plakette an Jürgen Habermas gesessen hatte. «Wir waren vereint in dem Wunsch, etwas Gutes fürs Land zu tun», sagt Adam und schiebt ein «um es mal pathetisch auszudrücken» hinterher.

Adam gehörte schon lange zu jenen Publizisten, denen ihre Aufgabe allein nicht genügt, nämlich das Beschreiben, die Analyse und die Kritik an gesellschaftlichen oder politischen Zuständen. Er wollte mitwirken. Auch Gauland wollte damals beides, mitwirken und den Diskurs bestimmen. Und

Club der schönen Seelen

zwar auf einer größeren Bühne als der, die seine Regionalzeitung in Brandenburg ihm bot. «Man muss natürlich nüchtern sagen, Publizität in der *Märkischen Allgemeinen* bringt Ihnen keine bundesweite Publizität», räumt er ein. In den Jahren nach der Wende war er besonders umtriebig. So als hätte sich eine Bremse gelöst nach dem Ende seines Pflichtverhältnisses mit der hessischen CDU. Er reiste häufig aus Potsdam nach Frankfurt, nahm auch in Berlin an politischen Zusammenkünften teil und publizierte hier und dort. Joachim Fest, den er bis heute verehrt, lud ihn ein, gelegentlich für die FAZ zu schreiben. Gauland nahm dankend an. Dort konnte er endlich dem Emporkömmling Joschka Fischer öffentlich in die Parade fahren, der dem politischen Establishment in Hessen noch immer als Provokation galt. Seine Besprechung des Fischer-Buches *Die Linke nach dem Sozialismus*[3] nutzte er zur genussvollen Abrechnung mit dem Grünen. Dieser hatte in seinem Buch die linke Utopie nach dem Zusammenbruch des real existierenden Sozialismus lässig in den Wind geschlagen.[4] «Was sollen wir eigentlich von der Urteilsfähigkeit eines Politikers halten, dessen bisherige Analysen alle falsch waren?»,[5] fragte Gauland triumphierend. War da Neid im Spiel auf den unaufhaltsamen Aufstieg des einstigen Revoluzzers ohne ordentlichen Beruf zum Popstar der bundesdeutschen Politik?[6]

Im Rückblick scheint es, als habe Gauland damals seinem selbst gewählten Exil in Brandenburg immer wieder entfliehen müssen in die bürgerliche Welt, aus der er kam. Denn dass sich diese nicht auf Brandenburg erstreckte, hatte er dort sehr rasch feststellen müssen. Das Land sei, anders als Thüringen und Sachsen, vor 1989 nur «von ein paar Ackerbürgern, Kleinbauern und Landarbeitern» bewohnt gewesen: eine «leere Fläche von Kiefern, Birken und Föhren». Brandenburg habe daher «keine bürgerliche Geschichte und also auch keine bürgerliche Tradition», schrieb er später für die bürgerlichen Leser des Berliner *Tagesspiegel*.[7] Immerhin taugten ihm diese Ackerbürger und Landarbeiter Jahre später als Stimmvieh, das er allerdings bald wieder sich selbst überließ, um in den Bundestag weiterzuziehen. Das Wohl der Menschen auf der Fläche von Kiefern, Birken und Föhren interessierte ihn dabei nicht wirklich. Das wüssten auch die Menschen dort, meint einer der führenden Politiker Brandenburgs, der in Gaulands Wahlkreis aufgewachsen ist: «Die Leute sind ja nicht dumm. Sie wissen, dass sie ihm völlig egal sind, wählen ihn aber trotzdem, weil sie glauben, dass er die Verhältnisse grundlegend ändern kann.»

Aber zunächst entstand der Nimbus des edlen, diskursfähigen Konservativen. Diesen pflegte Gauland über 20 Jahre lang, nicht nur durch seine Publikationen, sondern ebenso sehr indem er sich in den politischen und literarischen Salons Potsdams, Berlins und Frankfurts bewegte. Bis zum Erreichen des Rentenalters blieb er bei der *Märkischen Allgemeinen*, 14 Jahre lang. Anschließend bezeichnete er sich als «Publizist» und kultivierte weiter den Nimbus des edlen Konservativen, der erst verblasste, als er sich und die AfD außerhalb jenes Wertekanons positionierte, den die «schönen Seelen» wortreich vertreten hatten.

Der Bundespräsidentenkandidat Jens Reich war damals chancenlos, weil ihm die Unterstützung der CDU versagt blieb. Adam und Gauland hatten persönlich bei der Parteispitze für ihren Vorschlag geworben. Dem Vernehmen nach konnte Kohl zwar der Idee etwas abgewinnen, einen Ostdeutschen in dieses Amt zu hieven. Aber der parteilose Jens Reich passte nicht in sein taktisches Konzept. Aus Cohn-Bendits Sicht war das nach der Nichtberücksichtigung in Thüringen bereits das zweite Mal nach dem Auszug aus der Staatskanzlei, dass Gauland von der CDU abgestoßen wurde.

Club der schönen Seelen

«Da entsteht doch ein irrationaler Groll.» Das kennt Cohn-Bendit auch aus den eigenen Reihen: «Der Gauland in der AfD erinnert mich an ehemalige SPDler bei den Grünen, für die die SPD der Hauptfeind ist.» Darin liege etwas Irrationales, in das er sich wohl hineingesteigert habe.

Nachdem die CDU der Frankfurter Initiative eine Abfuhr erteilt hatte, fand sie auch bei der FDP kein Gehör. Reich konnte seine Kandidatur schließlich auf dem Ticket der Grünen einlösen. Aber damit war er natürlich chancenlos. Bundespräsident wurde der Unionskandidat und ehemalige Richter am Bundesverfassungsgericht, Roman Herzog.

Wie das Instrument der Bundespräsidentenwahl zu handhaben ist, wusste Gauland also längst, als die AfD 2017 einen eigenen Kandidaten für das höchste Amt im Staate vorschlug. Er selbst hatte «aus Altersgründen» eine mögliche Kandidatur abgelehnt. Stattdessen präsentierte die AfD einen seiner alten Bekannten aus der Frankfurter CDU, den nur um wenige Monate jüngeren Albrecht Glaser. Auch Glaser war bis zu seinem Austritt über 40 Jahre lang Mitglied in der CDU gewesen. Er war sechs Jahre Stadtrat im Römer, politik- und gremienerfahren, saß unter anderem im Aufsichtsrat der Frankfurter Flughafengesellschaft Fraport. Nach für die Stadt verlustreichen Spekulationsgeschäften wurde der Stadtkämmerer von seiner Oberbürgermeisterin Petra Roth entlassen. Lokale Medien machten einen Finanzskandal um die sogenannten Glaser-Fonds aus.[8] In die AfD trat der gekränkte Mann mit guten Verbindungen gleich nach ihrer Gründung in Oberursel ein, er trägt die Mitgliedsnummer 30. Da ist er wieder, der von Cohn-Bendit angeführte Groll der Fallengelassenen.

Am Nachbartisch im Café Laumer werden jetzt die großen Seiten des «Edelmistblatts» über einen Zeitungshalter aus Buchenholz geschlagen. Gegenüber wird ein Stück Himbeertorte serviert. Die Menschen im Saal reden miteinander, ohne laut zu werden. Cohn-Bendit nippt an seinem schwarzen Kaffee. «Die strukturelle Mehrheit in Deutschland ist rechts», sagt er nüchtern und rechnet die FDP ausdrücklich mit dazu. Ein Satz zum Hinhören und Nachdenken. Lohnt es sich doch immer, ganz genau zu verfolgen, wie sich die Dinge in Hessen entwickeln. Denn das Bundesland in der Mitte Deutschland gilt den professionellen Beobachtern aus Medien und Wissenschaft schließlich als politisches Labor. Hier lassen sich neue politische Verhältnisse frühzeitig wie unter dem Mikroskop beobachten: Die Grünen entwickelten sich in diesem Labor zu einer regierungsfähigen Partei, auch Rot-Grün nahm in Hessen seinen Anfang, bevor Schröder und Fischer mit dieser Kombination Deutschland regierten. Später scheiterte die rot-rote Idee westdeutscher Prägung mit einem Knall unter der SPD-Spitzenkandidatin Andrea Ypsilanti, die sich schon als Ministerpräsidentin fühlte, es aber dann nicht wurde. Und schließlich kam es hier zum ersten schwarz-grünen Regierungsbündnis in einem Flächenbundesland, an dem sich das noch größere Baden-Württemberg gleich ein Beispiel nahm. Auf kommunaler Ebene war diese Konstellation in Frankfurt schon erprobt worden.

10. Unter alten Männern

Als Gauland in das Alter kam, in dem andere ihren Enkeln
die Nasen putzen, gründete er mit anderen enttäuschten
Rentnern eine neue Partei

Die Geschichte vom hessischen Polit-Labor hat Alexander
Gauland dann selbst weitergeschrieben, zumindest als Co-
Autor. Gemeinsam mit seinem langjährigen Weggefährten
Konrad Adam hat er das nächste Kapitel formuliert. Seit
1979 kennen sich die beiden. In dem Jahr, in dem Adam bei
der FAZ anfing, saß Gauland schon zwei Jahre lang im Büro
des Frankfurter Oberbürgermeisters. Später hat er den Re-
dakteur dann in das Preiskomitee für den Adorno-Preis geholt. Als die Stadt nach Jürgen Habermas den Philosophen
Günther Anders auszeichnete. Der hatte sich für die Anti-
Atomkraftbewegung eingesetzt und schien nun, nachdem
Jutta Ditfurth und die Grünen über dieses Thema in den Römer eingezogen waren, der richtige Mann für diese Zeit zu
sein. So wie Adam es damals für einen Fehler von Kohl gehalten hat, den Schutz von Umwelt und Natur als «eine ge-
nuin-konservative Thematik den Linken überlassen» zu haben, hält er es heute «für einen fundamentalen Fehler, dass
die AfD diese Thematik nicht aufgegriffen hat». Seit dieser
Zeit ist der Kontakt und intensive Austausch zwischen Adam
und Gauland nicht abgerissen. In vielen Dingen waren sie einer Meinung. Ihre Verbindung war in der Gründungsphase
einer der personellen Eckpfeiler der AfD.

Eigentlich sollte die Parteigründung in Frankfurt erfolgen, aber der von Lucke angefragte Seminarraum im Hotel Interconti war dem Gründungsteam um Adam dann doch zu teuer. Also begab sich die historische Stunde in einem kleinen, sachlich-protestantischen Gemeindesaal im Vordertaunus. Den Saal hatte Adam über seine Frau organsiert, die noch immer im Kirchenvorstand dieser Gemeinde aktiv ist: Die Adams haben drei Kinder, einige Enkel, zwei Doktortitel. Sie übernehmen Verantwortung und haben Oberursel einen Platz in den deutschen Geschichtsbüchern verschafft. Konrad Adams Leben entspricht allem Anschein nach seinem wertkonservativen Weltbild. Es gibt nicht viele, die sich dieses Bild über ihr Leben hängen und sich auch danach richten. Möglicherweise ist das der Grund für die Selbstgerechtigkeit, die ihn umgibt. So sagt er beispielsweise immer wieder Sätze wie: «Das müssen Sie doch wissen!» Auf jeden Fall ist es ein Grund, ihm diese zu verzeihen.

«Wir hatten ja kein Geld!», erinnert Adam sich wehmütig an die aufregenden Monate des Aufbruchs. Es passt ins Bild einer guten Geschichte, deren schönste Momente in der Erinnerung oft mit einem romantischen «Wir-hatten-ja-nichts-Gefühl» einhergehen. Aber genau darin unterscheiden sich die beiden Protagonisten Adam und Gauland: Während für den einen die Monate des demokratischen Aufbruchs ganz zu Beginn der Story gleichsam der emotionale Höhepunkt des eigenen Erlebens waren, ist das für den anderen erst der sehr viel spätere Triumph, nämlich ein Stück wirklicher Macht in den Händen zu halten. Zwischen dem prinzipientreuen Idealisten und dem gewieften Machttaktiker ist der Unterschied am Ende dann doch ziemlich groß. «Gauland hatte von uns allen die meiste politische Erfahrung», sagt Adam rückblickend. Damit erklärt sich wohl die Lücke, die sich auftat, als es richtig ernst wurde mit der Partei. «Als die

Sache ihren Gang nahm, wusste Gauland schon längst, wie man Parteipolitik betreibt, wie man Netzwerke und Mehrheiten konstruiert, wie man Absprachen trifft, Deals einfädelt und durchhält.»

Natürlich ist seither viel passiert, auch zwischen den beiden alten Männern. Aber was bedeutet schon das Zerbrechen einer Freundschaft angesichts einer von ihnen beiden entscheidend mitgestalteten Veränderung des gesamten politischen Systems der Bundesrepublik Deutschland? Adam spricht heute enttäuscht von einer «abgekühlten Freundschaft». Der Enthusiasmus der Gründungsphase ist schon lange verflogen. Damals waren seine Haare noch grau. Jetzt sind sie schlohweiß, und Adam wirkt müde, abgekämpft.

Gauland würde mit Blick auf die Zeit des Aufbruchs wohl sagen: «Für Romantik bin ich zu alt.» Alt waren sie beide schon, hatten die 70 bereits überschritten, als sie wieder einmal vereint in dem gemeinsamen Ziel, «etwas Gutes für das Land zu tun», eine Initiative aus der Taufe hoben, die «Wahlalternative 2013». Tatsächlich beschreibt Adam ihren Antrieb im Jahr vor der Gründung der AfD mit den gleichen Worten wie zur Frankfurter Initiative 20 Jahre zuvor. Und wieder kamen Wissenschaftler, Intellektuelle und ehemalige Politiker zu einem elitären Zirkel zusammen, ältere Männer mit CDU-Bezug, dieses Mal aber ohne die Grünen. Neben Adam und Gauland Gerd Robanus aus der CDU-Mittelstandsvereinigung und der Wirtschaftsprofessor Lucke, auch er langjähriges CDU-Mitglied. Sie alle waren seit langem enttäuscht von der abgedichteten Parteiendemokratie. Und jetzt, im Jahr 2012, sahen sie «die Bundesrepublik in ihrer größten Krise seit Bestehen».[1] Dem *Welt*-Redakteur Günther Lachmann, selbst ein konservativer Geist, schilderten sie damals als Erstem ihr Ansinnen. Der erfahrene Journalist berichtete von nun an über die neu entstehende politische Kraft rechts der

Union. «Enttäuschte CDU-Politiker gründen Wahlalternative» titelte seine Redaktion. Drei Jahre und etliche Artikel über die AfD später sollte Lachmann den Enttäuschten folgen: als Sprecher des thüringischen AfD-Landeschefs Höcke, der zu diesem Zeitpunkt noch als Lehrer für Deutsch und Geschichte an einem nordhessischen Gymnasium unterrichtete und sich an seinem Wohnort jenseits der Landesgrenze zu Thüringen schon damals mit Neonazis tummelte. Noch als *Welt*-Redakteur hatte sich Lachmann der AfD-Co-Vorsitzenden Petry nebenberuflich für ein monatliches Honorar von 4000 Euro als Medienberater angedient. Die Sache wurde öffentlich. Lachmann musste seine Redaktion verlassen.

Aber vorerst schrieb er noch über die «Wahlalternative 2013», die sich als Rechtfertigung für ihren Schritt ausdrücklich auf das angeblich von der Bundeskanzlerin und CDU-Bundesvorsitzenden gebrochene Vertrauen berief. Merkel hatte zwei Jahre zuvor im Bundestag versichert, es werde keine weiteren Finanzhilfen für Griechenland geben, um sich noch am Abend desselben Tages mit den Staats- und Regierungschefs der Eurostaaten auf das erste Hilfspaket für Athen zu einigen. Die Hinwendung zahlreicher Journalisten und Publizisten zur AfD – Lachmann ist nur einer in einer wachsenden Reihe dieser Berufsvertreter – hatte ihren Anfang mit Gauland und Adam genommen. Der hat es von Beginn an als seine Aufgabe in der AfD angesehen, Vertreter der Publizistik an die Partei zu binden. Auch wegen seiner Verbindungen stieß die Sache mit der AfD frühzeitig auf mediale Resonanz.

Wie schon bei der Frankfurter Initiative war es wiederum Gauland, der in der Öffentlichkeit über die Wahlalternative 2013 sprach. Er galt als ein glaubwürdiger Kritiker der Bundeskanzlerin und ihrer Partei: «Ich sehe in der CDU nicht die

Möglichkeit, das Thema voranzubringen, um das es geht, nämlich die Geldrettung und nicht die Eurorettung», erklärte er in der *Welt*. Deshalb sei er auf der Suche nach Kräften, die eine Politik verändern wollten, die er und «mindestens eine sehr große Mehrheit, wenn nicht die Mehrheit» für falsch hielten. «Die Stimmung in der Bevölkerung ist eine ganz andere», sagte Gauland, und dass keine der etablierten Parteien diese Stimmung auffange.

Mit Abstand betrachtet zeigt sich, dass er genau dieses Argumentationsmuster immer wieder bringt, sobald sich unpopuläre Entscheidungen der Bundesregierung abzeichnen. Gauland identifiziert ein Thema, das für Empörung bei vielen Menschen sorgt, die sich in ihrem Protest nicht gehört fühlen. Er nimmt diesen Protest auf, gibt den Empörten eine Stimme und behauptet, dass er damit für eine Mehrheit spricht, für das Volk. Diesen populistischen Mechanismus bediente er von Anfang an und hat ihn als das wesentliche Bordmittel der AfD professionalisiert. Es funktioniert immer wieder. Insbesondere dann, wenn zwei Voraussetzungen ineinandergreifen wie bei der Entscheidung Angela Merkels im September 2015, die deutschen Grenzen für heranströmende Flüchtlinge zu öffnen. Sie hat damit kurzerhand geltende demokratische Spielregeln außer Kraft gesetzt, indem sie das Parlament übergangen hat. Und das bei einem Thema mit hohem Empörungspotenzial. Diese Energie konnte der Euro-Rettungsschirm damals unter vielen Menschen noch nicht freisetzen. Weil ihnen das Thema schlichtweg zu theoretisch war, sich die unmittelbaren Folgen dieser politischen Entscheidung nicht auf deutschen Straßen zeigten und sich deshalb auch kein unmittelbares Bedrohungsszenario vor den Wählern aufbauen ließ.

Zu den Kräften, nach denen Gauland vor Gründung der AfD suchte, gehörten noch andere, die dann in seiner künftigen Partei eine Rolle spielten. Etwa der prominente Hamburger Wirtschaftslobbyist und Merkel-Kritiker Hans-Olaf Henkel, Kriegskind wie Gauland und Adam. Oder Joachim Starbatty, der emeritierte Tübinger Ökonom, der mit der Euro-Rettung sein Thema gefunden hatte, ebenfalls ein langjähriges CDU-Mitglied. In der AfD fanden sie zueinander, jeder mit der Bereitschaft, etwas zu tun und nicht nur fortwährend darüber zu reden oder zu schreiben. Auch die etwas schräge, aber sehr rührige Beatrix von Storch gesellte sich dazu. Mithilfe ihres Kampagnennetzwerks Zivile Koalition arbeitete sie sich bereits hartnäckig im Netz und auf der Straße unter dem Namen «Demo für alle» an einigen der gesellschaftspolitischen Themen ab, die schon bald von der AfD adoptiert wurden. Den Namen hatte sie von dem französischen Bündnis ultrarechter und fundamentalchristlicher Gruppen La Manif pour tous übernommen, eine Anspielung auf den Slogan «marriage pour tous», Ehe für alle, gegen den dieses Bündnis zusammengefunden hatte.[2] Auch Storchs Protest richtete sich gegen 1968, Gender, Feminismus, Homoehe, Abtreibungsrecht, Political Correctness, Islam. Darin lag der Kern der späteren Bewegungspartei AfD. Gemeinsamer Nenner der aufeinander zulaufenden Kräfte war zunächst aber die Ablehnung der Brüsseler Bürokratie sowie der Wunsch nach mehr direkter Demokratie. Ein Unterstützerverein wurde gegründet, um juristisch handlungsfähig zu sein.

Aber vorerst wagten Gauland und die Männer aus der Wahlalternative 2013 nicht den Schritt hin zu einer eigenen politischen Kraft. Angesichts der Privilegien und des gefestigten Einflusses von Parteien in Verbänden und Medien, in Wissenschaft und Wirtschaft sowie deren riesigen finanziellen Möglichkeiten hielt man es zunächst für aussichtslos, eine eigene Partei zu gründen. So schildert Adam die anfängliche

Zurückhaltung. Als Erster durchbrach Lucke, der jüngste und wahrscheinlich auch ungeduldigste in diesem Männerbund, dieses Zögern. Von ihm sei schließlich die Idee gekommen, per «Huckepackprinzip» vor den anstehenden Landtagswahlen in Niedersachsen bei den Freien Wählern aufzusteigen, um darüber ein politisches Mandat zu erlangen. Die Freien Wähler hatte bereits Henkel als strategischen Partner zur Stärkung von plebiszitären Elementen entdeckt und bei vorangegangenen Landtagswahlen in Schleswig-Holstein unterstützt. Lucke allerdings kandidierte bei den Wahlen am 20. Januar 2013 selbst auf der Liste der Freien Wähler. An diesem Tag trafen sich die Mitglieder der Wahlinitiative 2013 in Hannover und erwarteten gemeinsam das Ergebnis. Die Freien Wähler kamen lediglich auf 1,1 Prozent der Stimmen. Da brachte Lucke auch sein Listenplatz 3 nichts. «Wir waren an dem Abend alle ganz schön enttäuscht», erinnert Adam sich. Vom Huckepackprinzip habe man sich sofort verabschiedet, aber erst nach langer Debatte wurde noch am selben Abend auch der Entschluss gefasst, doch eine eigene Partei zu gründen. Danach ging es Schlag auf Schlag. Die Herren mussten sich schließlich beeilen, wenn sie noch zur Bundestagswahl im Herbst als Partei antreten wollten. 17 Tage später gründeten sie an Adams Wohnort im Taunus die AfD.

«Damals gab es eine Aufbruchsstimmung, die heute nicht mehr da ist», sagt Adam. Er spricht von einer «tollen Sache», die alle «mit Euphorie» erfüllt habe. Auf dem Weg zurück zum Gründungsort der AfD muss er von seinem Reihenhaus am Fuße des Feldbergs nur drei Mal rechts abbiegen. Viereinhalb Kilometer sind es bis zur wuchtigen Christuskirche. «Eine feste Burg ist unser Gott» steht im ausgeputzten Oval über dem Säulenportal. Wie eine Trutzburg ragt sie in den hessischen Winterhimmel. Ein prächtiger Jugendstilbau der

Protestanten inmitten der katholisch geprägten Stadt Oberursel. 1914 erbaut, am Vorabend der Urkatastrophe des 20. Jahrhunderts. Der Blick ins Innere zeigt Ordnung und Klarheit: Altar, Kanzel und Orgel fügen sich in kompromissloser Symmetrie. Ein Abbild deutscher Leitkultur. An diesen Ort hat Adam die übrigen 17 älteren Herren geführt, die am schneekalten 6. Februar 2013 den Weg in den Taunus fanden. Der Saal liegt ein paar Meter versetzt zur Kirche in einem flachen, grau verputzten Gemeindezentrum. Vor den Panoramafenstern plätschert der Urselbach durch das westdeutsche Idyll.

Dies ist der Ausgangsort eines wütenden Veränderungswillens, der die politische Landschaft grundlegend durcheinandergebracht hat. Ein aus damaliger Sicht größenwahnsinniges Vorhaben, mit dem diese alten Männer das Land auf die Probe stellen wollten. Dass sie zugleich allerdings die gesellschaftliche Spaltung vorantrieben und den fremdenfeindlichen Geist zu neuem Leben erweckten, das haben die meisten der umtriebigen alten Männer wohl nicht gewollt. Gleichwohl haben sie maßgeblich mitgewirkt, dass es so weit kam. Vor allem haben sie einen der Ihren nicht davon abgehalten, es bis dahin kommen zu lassen. Mit dieser Verantwortung muss jeder Einzelne von ihnen leben, allen voran Alexander Gauland, dem die eigentliche Schuld daran zukommt.

Als er die AfD mithilfe der nationalistisch gestimmten ostdeutschen Landesverbände an eben diesen Punkt gebracht hatte, wandten sich immer mehr Gründerväter von der Partei und von ihm ab. Der zwischenzeitliche Vize-Vorsitzende Henkel äußerte sich nur zwei Jahre später wie ein ahnungsloser Schläfer, der aus einem Alptraum erwacht ist. «Wenn ich gewusst hätte, wie das ausgeht, hätte ich das damals nicht gemacht», sagte er in einem Fernsehinterview. «Dann hätte ich die AfD untergehen lassen, hätte mich zumindest an der Kreation dieses Monsters nicht beteiligen wollen.»[3] Nachdem er die Partei in ihren frühen Wahlkämpfen auch maßgeblich finanziell unterstützt hatte, suchte Henkel nun geradezu begierig die Öffentlichkeit, um seinen Namen reinzuwaschen. Die AfD sei mittlerweile eine NPD-light geworden, sagte er. «Es macht mir Kummer, dass ich mitgeholfen habe, ein richtiges Monster zu erschaffen.»[4] Vor allem die «völkischen Aussagen» von Höcke fand er «entsetzlich». Besonders enttäuscht zeigte er sich aber von einem Mann, der mit ihm das Monster geschaffen hatte: «Was Herr Gauland immer wieder zu diesem Thema sagt, ist meiner Meinung nach in Deutschland nicht akzeptabel.»

Auch Adam hält nicht viel von den «öffentlichen Provokationen, die ja von Höcke, Kalbitz und so weiter begeistert praktiziert werden». Gauland wirft er vor, diese Strategie vorbehaltlos mitzutragen, in dem Glauben, die AfD damit voranzubringen. Damit stelle dieser das Wohl der Partei über die Interessen des Landes. Aber eben darum sei es ihnen doch gegangen: «Etwas Gutes für das Land zu tun.» Darin liegt sein zentraler Vorwurf an den alten Freund. Zwischen den Zeilen lautet seine Botschaft wohl: Verrat um des Erfolgs willen. Außerdem nimmt er Gauland übel, dass dieser neben den nationalistischen Polterern auch eine Reihe von Männern mitgetragen hat, die Adams moralischen Ansprüchen an die Politik in keiner Weise genügen. Etwa Marcus Pretzell, den späteren Ehemann von Frauke Petry («politischer Zigeuner»), oder Armin-Paul Hampel («einen der faulsten Fische, die es gibt»). Beiden wirft er vor, die AfD benutzt zu haben, um sich finanziell zu bereichern. «Während wir am Anfang alle pro bono die Partei aufgebaut haben.» Er wirft dem Freund vor, die AfD zu etwas gemacht zu haben, gegen das sie einst gemeinsam zu Felde gezogen waren: zu einer Kaderpartei, in der es um Posten, Jobs und Geld geht. Also um

Dinge, die für ihn, den etwas starrsinnigen, konservativen Idealisten, in der Politik nie eine Rolle gespielt haben. «Warum sollte es in der AfD anders zugehen als in anderen Parteien?», kontert Gauland mit einer rhetorischen Frage. «Das wäre doch völlig unnatürlich, Menschen sind nun einmal so, wie sie sind.» Damit widerlegt er zugleich die aus der AfD fortwährend geäußerte Behauptung, dass man sich grundlegend von den «Altparteien» unterscheide, weil es in der eigenen Partei eben nicht um Posten und Pfründe gehe. Gauland weiß, dass es nicht anders geht. Für ihn ist die AfD eine Partei unter anderen, nicht mehr und nicht weniger. Adam ist ein Überzeugungstäter, Gauland nicht. Dessen politisches Korsett ist ähnlich flexibel wie das seines großen diplomatischen Vorbilds Talleyrand. Für Adam hingegen war dieser «ein Filou», der allen möglichen Herrschern gedient hat. Natürlich habe er bei Verhandlungen für Frankreich das Beste rausgeholt, «aber auch für sich selbst». In der Sicht auf Talleyrand wird die Kluft zwischen den beiden ehemaligen Freunden Adam und Gauland ganz besonders deutlich.

Adam sitzt jetzt in seinem Arbeitszimmer mit Blick auf den Wald. Von hier aus geht es zu Fuß in eineinhalb Stunden zum Feldberg hinauf. Diese Art der Bewegung ist dem zähen Mann noch immer wichtig. Unten im Hausflur lehnen die Walkingstöcke an der Wand, daneben stehen leichte Trekkingschuhe. Das Zimmer mit Blick ins Taunusgehölz ist mit tiefem weißem Teppich ausgelegt, darauf sind fein gearbeitete dunkle Holzmöbel angeordnet, die Wände links und rechts sind mit gut sortierten Bücherregalen ausgefüllt. Es gilt die gleiche Regel wie in der Christuskirche unten in der Stadt: absolute Symmetrie. Adam sitzt gerade, er ist vorbereitet in Erwartung einer Kontroverse, dabei soll er nur reden, nicht streiten. Seine Argumente liegen bereits auf dem Tisch, ein kleiner Bücherstapel, obenauf Gaulands *Anleitung zum Kon-*

servativsein. Er kann sich noch genau an den Tag erinnern, an dem sich zwischen ihm und Gauland alles geändert hat. Das Gespräch hat längst den Charakter einer Abrechnung angenommen. Adam ist ein zorniger alter Mann, der seine Enttäuschung über den alten Freund nicht verstecken will. Er möchte sie inhaltlich begründen.

Es war an einem flirrend heißen Julitag im Ruhrgebiet. In der stickigen Grugahalle auf dem umkämpften Bundesparteitag der AfD. «Mit großer Energie hat er damals Lucke abgesägt, auch weil er ehrgeiziger ist als er nach außen hin erkennen lässt.» Gauland glaubte nicht daran, dass der intellektuell abgehobene und selbstbezogene Lucke die AfD noch weiter voranbringen könnte. Lucke sprach sich entschieden gegen eine doppelte Parteispitze aus und wollte, dass ihm seine Partei den alleinigen Vorsitz übertrug, eine Partei, deren Herz er nicht erreichte. Der intelligente Professor hatte sich überschätzt, ihm fehlte es an politischer Erfahrung. Unterdessen hatte Gauland die Parteibasis auf seiner Seite und mit der energischen, führungswilligen Frauke Petry eine geeignete Nachfolgerin parat, die als Tabubrecherin taugte, in der Partei ankam und von vielen bewundert wurde. Adam schwärmt noch immer von ihr. Gauland wirft er dagegen vor, er habe «immer schnell die Pferde gewechselt». Was für den einen als Prinzipienbruch gilt, dient dem anderen als Mittel zum Erfolg. Gauland habe Lucke anfangs über die Maßen gelobt, danach sei eben Petry seine erklärte Favoritin gewesen. Später habe er auf Höcke geschworen, als Petry den Streit um dessen Parteiauschluss zur persönlichen Machtfrage erklärte, an der sie schließlich scheiterte. «Das hat mich bei ihm immer irritiert und irritiert mich bis heute», sagt Adam.

Die Antwort liegt wohl in Gaulands ausgeprägtem Gefühl für Stimmungen. So wie sie ihm in der Grugahalle warm entgegenschlug, während Lucke gesteuerte Anfeindungen und Buhrufe ertragen musste. In dieser Situation ist es geschehen um Gauland, da ist Adam sich ganz sicher. «Niemand soll mir doch erklären, er würde es nicht genießen, vor einigen paar Hundert, oder wie in Essen vor 3000 Leuten zu sprechen, die plötzlich begeistert von den Stühlen aufspringen, in Klatschorgien ausbrechen und Sprechchöre wie ‹Gauland› oder ‹Höcke› skandieren. ‹Adam› hat noch niemand gerufen. Gauland hat dieses Gefühl zum ersten Mal gehabt, und das als Parteipolitiker.» Als einer, der seine Taktik der Strategie anpasst, die Partei nach vorne zu bringen. Und damit Erfolg hat. Damit sei eine Eigenschaft Gaulands zutage gekommen, so Adam, die ihm sein langjähriger Chef Wallmann «expressis verbis nicht zugetraut hat», eben die des Parteitaktikers. In Essen habe er allen bewiesen, dass er es kann.

Was Adam mit dem Hinweis auf Wallmanns Einschätzung meint, gehört zu den Dingen, die Gauland in seiner Zeit in der hessischen CDU als Kränkung empfunden hat. So ist dort vielfach zu hören, dass Wallmann ihn für die Wahlniederlage 1991 mitverantwortlich gemacht habe. Dabei hatte er selbst, anders als in den Frankfurter Oberbürgermeisterzeiten, zum Schluss als Ministerpräsident kein gutes Bild mehr in der Öffentlichkeit abgegeben, sondern das eines politischen Raffzahns, der sein Haus und den Garten mit Steuermitteln hat auf Vordermann bringen lassen und – unter Einfluss von reichlich Alkohol – gelegentlich die Kontrolle verlor. Von politischen Gegnern und einigen Journalisten deshalb gelegentlich Walter «Lallmann» genannt. Seine Ära endete in einem Kommunikationsdesaster, Jahre später hat Wallmann versucht, dieses Bild durch selbstlobende Memoiren wieder zurechtzurücken. Allerdings nicht ohne Medienschelte und nicht ohne seinem loyalen Mitarbeiter Gauland einen Seitenhieb zu verpassen: «Er war außergewöhnlich gebildet, keineswegs immer den Erfordernissen politischer Taktik aufgeschlossen»,[5] heißt es dort. Es war das kurze, vernichtende Urteil, dass Gauland nicht zum Parteipolitiker tauge.

«Dieser Mann sitzt nun plötzlich als Politiker auf dem Podium, und die Leute jubeln ihm zu», sagt Adam. Dann kommt er auf das persönliche Motiv zu sprechen, das er Gauland bei dessen politischem Handeln, bei dem Taktieren mit den Unerhörten und den Verwerflichen in der AfD, unterstellt: «Die Droge Macht, die Droge öffentliche Aufmerksamkeit ist viel, viel wirkungsvoller, als die meisten sich das eingestehen.» Gauland sei längst in eine «bewusstseinsverändernde Abhängigkeit» geraten. Neulich haben sich die beiden «wieder kurz getroffen», in Berlin, erzählt Adam. Anders als früher, mit viel, noch viel mehr Distanz. – Würden Sie das noch Freundschaft nennen, Herr Adam? – Der alte Mann denkt nach, auf der Suche nach einer Formulierung: «Ich glaube, Gauland spricht von Freundschaft. Obwohl ich ziemlich fest davon überzeugt bin, dass er unter Freundschaft etwas anderes versteht als ich.»

Am Ende entschuldigt Adam sich wegen einer Einladung als Festredner unten in der Stadt. Er ist der Ehrengast beim Neujahrsempfang der Oberurseler AfD. «Man erwartet mich dort.» Nach langem, sehr langem Zögern, hat er sich entschieden, in der Partei zu bleiben, die er mitgegründet hat. Seit dem Parteitag in Essen und den stehenden Ovationen für Höcke und Gauland hatte er Zweifel daran, starke Zweifel. Zahlreiche andere alte Männer der ersten Stunde sind in den Wochen danach aus der AfD ausgetreten, neben Henkel beklagte auch Starbatty die Richtungsentscheidung für einen rechtspopulistischen Kurs, den er nicht mittragen wollte.[6] Der Verlust von Lucke hängt der Partei bis heute nach, sagt Adam. «Vor allen Dingen der Verlust der Leute, die mit Lucke gegangen sind. Und es sind vor allem Leute nachgerückt, die nicht für die Politik, sondern von der Politik leben wollen.» Ausgetreten ist er dagegen aus der Kirche, aus Ärger darüber, dass sein Bischof in der AfD eine «antichristliche Partei» sieht. Das konnte Adam nicht auf sich sitzen lassen. Er steht weiter zu seiner Partei: «Weil wir die einzige wirkliche Opposition in Deutschland sind.» Vielleicht will er es auch nicht wahrhaben, dass die ganze Sache ein Irrtum gewesen sein könnte, sein persönlicher Irrtum. Er will immer noch glauben, dass sie mit der AfD «etwas Gutes für das Land tun». Obwohl Gauland in Adams Augen längst von diesem Ziel abgewichen ist. Beide sind sie wieder um ein paar Jahre älter geworden. Adam hat nicht mehr den Einfluss, auch nicht mehr die Kraft, das Ruder in der AfD herumzureißen. Gauland wollte sich ohnehin nie gegen den Strom bewegen, sondern mit ihm. Seine Partei bewegt sich in die Richtung, in die sie sich bewegt.

11. Auf der Lauer

Was tut Gauland, wenn es den Anschein hat, als döse er vor sich hin?

Als der Kurs der neu gegründeten Partei noch nicht klar war, hatte sie zu einer Auftaktveranstaltung eingeladen. In die Stadthalle schräg gegenüber der wuchtigen Christuskirche. In Oberursel stehen die wichtigen weltlichen und geistlichen Einrichtungen fußläufig beieinander: Kirche, Rathaus, Volkshochschule, zweckbauliche Stadthalle mit Tiefgarage. Die Sache sprach sich ziemlich weit herum. Als einer der wenigen Besucher fand Gauland unter der Halle einen Parkplatz, er musste ja frühzeitig da sein. Auf dem Podium war der Stuhl neben Adam für ihn reserviert. Der hatte die Stadthalle angemietet, noch im Namen der Wahlinitiative 2013, und würde moderieren. Die Ankündigungen waren breit gestreut worden, auch über das Internet, wo die Gruppe der alten Männer bereits sehr gut vernetzt war. Das lag vor allem an der einzigen Frau, die an diesem Tag mit auf der Bühne saß. «Sie wissen ja, wie Podien zusammengesetzt werden», schickt Adam voraus: «Wir brauchten also eine Frau. Beatrix von Storch kam da gerade recht.» Er nennt sie «die Störchin», was in seinem Gelehrtenduktus fast schon liebevoll klingt.

Von Beginn an war die AfD eine Männerpartei. Der Anteil der Frauen unter ihren Mitgliedern bewegt sich konstant um 15 Prozent, bei den Funktionären und Mandatsträgern sind es noch weniger. Darüber täuschen die wenigen prominenten weiblichen Gesichter hinweg, die von den Männern, wie auch an diesem Tag, bewusst mit auf die Bühne gehievt werden. In den dichten Stuhlreihen vor dem Podium saßen vor allem ältere Männer. Aus Neugier war auch Peter Iden aus dem nahen Frankfurt gekommen. «Es war ja so voll, dass ich 20 Minuten nach einem Parkplatz suchen musste.» In Oberursel! Die Menschen strömten in den großen Saal gleich gegenüber dem Rathauseingang. Auch die oberen Ränge waren voll besetzt. Allgemeines Gemurmel auf den Plätzen. «Im Publikum war fast ausschließlich gehobener deutscher Mittelstand, kein Plebs, da war nicht die Straße», erinnert Iden sich: «Man hat sich dort unter seines Gleichen gefühlt.»

Es waren Zusammenkünfte wie diese, über die sich die AfD den Ruf einer Honoratiorenpartei erwarb. Schon deshalb war sie angeblich frei von Rassismus, Fremdenfeindlichkeit und Revanchismus. Als schlössen stabile soziale Herkunft und hohe Bildung das aus. Lange Zeit wirkte dieser bürgerliche Schutzschild gegen anderslautende Behauptungen. So konnte sich eine nationalistische Bewegung wenn auch nicht unerkannt, so doch relativ verdachtsfrei formieren. Auch Iden erkannte erst sehr viel später, was sich da unter der Anleitung seines alten Freundes auf der rechten Seite der Gesellschaft zusammengetan hatte.

Spätestens nach einer Wahlkampfveranstaltung im Hotel Sonnenberg im hessischen Büdingen vier Jahre nach der Auftaktveranstaltung in Oberursel hat auch Iden sein Bild von der Professorenpartei relativiert. AfD-Veranstaltungen in der 20 000-Einwohner-Stadt östlich von Frankfurt sind stets gut besucht. In Büdingen sind die Menschen besonders aufgeschlossen für eine rechtspopulistische Partei, die noch dazu bürgerlichen Erwartungen entspricht. Über viele Jahre hat die rechtsextreme NPD hier bei Wahlen westdeutsche Rekordergebnisse im zweistelligen Bereich erzielt. Bei der vorangegangenen Kommunalwahl kam die bundesweit längst dahinsiechende NPD auf den gleichen Stimmenanteil wie Grüne und FDP zusammen. Unter rechtsextremen Funktionären in ganz Deutschland ist die Stadt mit der alten Burg bekannt als eine Art letzte Bastion.

Es gehört zu den von der Öffentlichkeit weitgehend vergessenen Lehren aus dem hessischen Polit-Labor, dass es der CDU unter dem nationalkonservativen Alfred Dregger gleich zu Beginn der 1970er Jahre gelungen war, die aufstrebende NPD im Wiesbadener Landtag mit einer konsequenten Oppositionspolitik zu absorbieren. Damit verschwanden die Rechtsextremisten auf Dauer aus dem hessischen Parlament. Gauland erinnerte sich noch persönlich daran und berücksichtigt diese Lehre. Die hessische Erfahrung im Umgang mit den NPD-Wählern bestätigte sich viele Jahre später in den ersten AfD-Wahlkämpfen in Sachsen (2014) und Mecklenburg-Vorpommern (2016). Aus dem Stand nahm die AfD in den Landtagen am Elbufer in Dresden und im Schweriner Schloss die Sitze der NPD ein. Dort hatten die Rechtsextremisten für jeweils zwei Legislaturperioden von einer nationalen Zukunft träumen können. Seit der AfD war es aus mit diesem Traum. So wie die NPD-Klientel in früheren Zeiten in Westdeutschland zum rechten Rand der CDU gehörte, ist sie heute ein fester Teil der Wählerschaft der AfD. Unter Gauland hat die AfD sie geräuschlos zu sich geholt, um sie dauerhaft an sich zu binden. Dafür bedurfte es nicht einmal einer ausdrücklichen Einladung. Die inhaltlichen Positionen der AfD in Ostdeutschland waren dieser Klientel auf Anhieb Grund genug, sie zu wählen. Das sollte in den hessischen Kommunen, in denen die NPD traditionell stark war, auch passieren.

Zum Beispiel in Büdingen. Dort saß Peter Iden mit Leonore Gauland am Tisch im Gesellschaftszimmer über der Kegelbahn und lauschte der Rede seines Freundes. Sie waren gemeinsam aus Frankfurt gekommen und nutzten den Auftritt für eine private Zusammenkunft. Inzwischen zog Gauland als Spitzenkandidat der AfD für die anstehende Bundestagswahl durchs Land. Eine anstrengende Aufgabe für einen alten Mann. In seiner Rede unternahm er einen Ausflug in die deutsche Geschichte, wie fast immer in Hessen natürlich zu Dregger, aber auch zu Bismarck: «Aber dort hat kaum einer gewusst, wer Bismarck wirklich gewesen ist», erzählt Iden. Andere hätten immer wieder gebrüllt: «Merkel muss weg.» In Büdingen traf der Kunstkritiker also auf den Plebs, den er in der Gründungsphase der AfD nicht wahrgenommen hatte. Damit konfrontiert habe ihm Gauland noch an Ort und Stelle einen Satz gesagt, den er niemals vergessen werde: «Wenn du Politik machen willst, musst du diese Leute mitnehmen.» Damals habe er verstanden, für welchen Weg sein Freund sich entschieden hatte.

Einige Jahre zuvor, in der Stadthalle von Oberursel, stand diese Entscheidung noch aus. Es war noch alles offen. Gauland saß im grünen Tweedsakko neben Adam auf dem Podium. Leicht in sich gekehrt, fast schon dösend, die Hände gefaltet. Die Lesebrille vorne auf der Nase und die Unterlippe entspannt etwas nach vorn geschoben. Gelegentlich schloss er die Augen. Diese in sich gekehrte Mimik irritiert bis heute viele Menschen. Zumindest fällt dieses vermeintliche öffentliche Dösen immer wieder auf, zumal Gauland diesen Zustand auch bei längeren Fernsehauftritten einnimmt und sich damit vollkommen in Widerspruch zu diesem eitlen Medium begibt. Etliche Male haben seine Berater versucht, ihm das abzugewöhnen. Ohne Erfolg. «So ist er eben», sagt Stefan Hein, der Sohn seiner Lebensgefährtin, der Gauland in der Anfangszeit der AfD ein enger Begleiter war. «Das sind die Momente, in denen er das tut, was ja meistens zu kurz kommt – nachdenken.» Seitdem seine Depression öffentlich bekannt wurde, schreiben viele Beobachter diesen Zustand seiner Krankheit zu. Es ist aber wohl ein kräftesparendes Lauern.

Adam dagegen wirkte aufgekratzt. Er fühlte sich für diese Veranstaltung in seiner Heimatstadt verantwortlich. Als es dann endlich losging, machte er sich fortlaufend Notizen, rückte auf seinem Stuhl vor und zurück, haderte mit dem gleißenden Licht der Bühnenscheinwerfer. Ähnlich Beatrix von Storch, die neben ihm auf der anderen Seite saß und ihm immer wieder etwas ins Ohr flüsterte. Lucke versuchte sich als zentrale Figur ins Licht zu stellen, auch Starbatty redete viel, dozierte über sein zentrales Thema – die Euro-Rettungspolitik. Unterdessen blieb Gauland fast teilnahmslos. Von Aufregung oder gar Euphorie bei ihm keine Spur. Er schwieg. Bis ihm Adam das Tischmikrofon unter die Nase schob und ihn nötigte, die Publikumsfrage eines Frankfurter Rechtsanwalts zu beantworten. Dieser war angesichts der technokratischen Ausführungen von Starbatty ganz offensichtlich ungeduldig geworden. Der Professor hatte bereits unzählige gleichlautende Vorträge gehalten und ein Buch zum Thema veröffentlicht. Seine Thesen waren bekannt. Dass den Fragesteller dagegen die Hoffnung auf grundlegende gesellschaftliche Veränderungen zur AfD getrieben hatte, wurde rasch klar. «Es wird der Tag kommen, wo der große Wahlerfolg da ist», hatte er vorausgeschickt. «Und ich denke, dann braucht man jenseits des Euro-Austritts auch noch andere Themen, mit denen es weiter gehen soll. Da wird es gut sein, sich vorzubereiten. Ist in der Richtung schon etwas geschehen?» Ihm gehe es beispielsweise um eine neue Familienpolitik, die seit dem Pillenknick von 1975 überfällig sei. Hier blitzte bereits der Wunsch nach Restauration auf, der später in der ganzen Sammlungsbewegung sichtbar wurde.

Gauland hatte das bemerkt und dachte lange nach, bevor er antwortete: «Es ist natürlich klar, dass es keine Ein-Punkt-Partei sein kann. Aber wenn sich Leute neu zusammenfinden, müssen sie erst zum Thema machen, worauf sie sich einigen können und das sofort. In diesem Fall mit der Eurorettung und dem Demokratiedefizit.» So weit, so klar und zugleich auch diplomatisch gegenüber seinen Mitstreitern auf dem Podium, die – mit Ausnahme Storchs – in absehbarer Zeit genau dieses ganz entscheidenden Punktes wegen in der AfD an Bedeutung verlieren sollten: weil viele Menschen von der AfD mehr erwarteten als währungs- und finanzpolitische Rechthaberei. Gauland schob noch einen Satz nach, in dem zum Ausdruck kam, dass er auf dem Podium saß, um zu empfangen, zuzuhören, und nicht wie die anderen, um zu senden, sich mitzuteilen: «Aber Sie haben Recht, diese Antworten müssen gegeben werden, die können wir Ihnen aber heute noch nicht geben.» Hier zeigte sich eine Stärke Gaulands, die ihn ganz wesentlich von den meisten sendungsbewussten, gebildeten, alten Männern unterscheidet, die zu Beginn diese Partei ausgemacht haben: Er ist kein Rechthaber.

Ab sofort machte Gauland sich auf die Suche und leuchtete das in Frage kommende Themenfeld aus. Während die anderen alten Männer voller Selbstbestätigung die Aufbruchsstimmung in ihrer neu gegründeten Partei genossen, hatte Gauland das Wesentliche an dieser Unternehmung erkannt. Gefragt nach den zentralen Denkmustern Gaulands, kommt ein langjähriger Freund sofort auf folgendes Zitat: «‹Da haben Sie Recht!› Das ist eine seiner Redewendungen. Das sagt er, weil er ein aufmerksamer Zuhörer ist. Er kann deshalb gut zuhören, weil er es immer geschafft hat, sich selbst zurückzuhalten.» Vielleicht ist das der Grund dafür, dass Gauland von der Euphoriewelle in der AfD mitgerissen wurde, die die anderen begraben hat. Oder, je nach Lesart, vor der sie sich gerettet haben.

Storch hatte bereits einige Themen im Gepäck, die mehr Emotionen freisetzten als das sehr theoretische Konzept zur Eurorettung von Lucke, Henkel und Starbatty. Der Eurorettung hatte sie sich auch verschrieben, aber eben nicht nur. Deshalb schmiedete sie gemeinsam mit Gauland eine Allianz, die Lucke schließlich zu Fall brachte. Mit dem Programm der Euroretter scheiterte die AfD ein halbes Jahr später bei der Bundestagswahl an der Fünfprozenthürde, wenn auch nur knapp. Daran scheiterte auch die FDP, der die AfD die meisten Wähler abspenstig gemacht hatte. Das AfD-Ergebnis bei den zeitgleich stattfindenden Landtagswahlen in Hessen lag mit 4,1 Prozent noch unter dem im Bund. In Brandenburg kam die AfD bei den Bundestagswahlen dagegen auf immerhin 6 Prozent. Damit war der Kurswechsel für Gauland eine ausgemachte Sache. Denn im Reservoir der unzufriedenen Nichtwähler war deutlich mehr zu holen als bei der FDP. Erst recht bei den Volksparteien, und dazu gehörte im Osten auch die Linke.

Ein Jahr später, bei den Wahlen zum Landtag in Brandenburg, zeigte sich bereits das Gesicht der Gauland-AfD. Zuvor hatte er das Amt des Landesvorsitzenden übernommen. Bestimmende Themen im Wahlkampf waren unter seiner Führung die grenzübergreifende Kriminalität und die Flüchtlingspolitik. Auch schob er auf dem Höhepunkt der Ukraine-Krise das Thema Russland in den Vordergrund. Sein Landesverband war der Erste, der sein Wahlprogramm ins Russische übersetzen ließ. Damit traf er ziemlich genau den Lebensnerv vieler Brandenburger und verdoppelte den AfD-Stimmenanteil im Vergleich zur Bundestagswahl.

Nach diesem Erfolg zog das Thema Islam als Bedrohungsszenario am Horizont auf. Ein Thema übrigens, mit dem Gauland sich bislang nicht näher beschäftigt hatte, weil es ihn in Potsdam nicht umtrieb. Durch Zuspruch, Medienhype und Wahlerfolge getrieben, wandelte sich die AfD bundesweit zur Pegida-Partei. Lucke konnte mit Pegida nichts anfangen. Er lehnte es sogar ab, sich zu dem Thema in Fernsehtalkshows zu begeben. Das war der Anfang seines Endes in der AfD. Für die forsche Frauke Petry war es das Tor zum Aufstieg zu bundesweiter Relevanz. Anders als Gauland und Petry hat Lucke den Osten nie verstanden. Auf seinem Sitz im Europaparlament, auf den er mithilfe der AfD gelangt war, schien er sich noch weiter von den Menschen und ihren Stimmungen entfernt zu haben, als es bislang schon der Fall war. Gleiches galt für Henkel und Starbatty. Das Ende der Euroretterfraktion in der AfD wurde dann auf dem Bundesparteitag in Essen 2015 besiegelt, unter maßgeblicher Mithilfe Gaulands. Er hatte den Zeitgeist aufmerksam im Blick behalten. Fortan war die AfD eine andere Partei. Sie wurde radikaler und jünger.

Der Sohn seiner Lebensgefährtin erlebt diese rasante Zeit in Gaulands unmittelbarer Nähe. Für Stefan Hein kommen die ersten beiden Jahre in der AfD einer emotionalen Erweckung gleich. Er ist zwei Jahre jünger als Gaulands Tochter und kennt ihn seit fast 20 Jahren. Aber erst die Partei, die gemeinsame Sache, bringt die beiden zusammen. Hein fährt Gauland Zehntausende Kilometer durch Deutschland, ist über Monate dessen engster Begleiter. Hein redet jetzt vom «Wir». Von dem gemeinsamen Projekt, das «Deutschland verändern» sollte. Seine Stimme erreicht eine Unmittelbarkeit, als wäre es gestern gewesen. Als wäre diese intensive, aber kurze politische Arbeitsbeziehung nicht zerrissen. Er muss damals sehr zufrieden gewesen sein, denn über die AfD entstand endlich eine Gemeinsamkeit, die es vorher nicht gab. Hein fährt ihn nicht nur, er kümmert sich um das

Internet, die neuen Medien, lädt Videos von Gaulands Reden bei Youtube hoch. Er muss beseelt gewesen sein von dem Gefühl, dass der Ältere ihn braucht, dass sie gemeinsam zum Erfolg gekommen sind. «Sie steigen aus dem Wagen aus und sind sofort von einer Menschentraube umringt. Das ist unglaublich schön!», schwärmt er, als säße er in diesem Augenblick wieder hinter dem Steuer des Jaguars und nicht mit hängenden Schultern bei einem Glas Rosé auf einem Charlottenburger Kaffeehausstuhl. «Mir geht das sowieso nicht in den Kopf, wie er das Alles überhaupt macht in dem Alter. Ich stand manchmal da und habe gesagt, Alexander, es geht jetzt nicht mehr. Du musst bald an den Stock.»

Er war zwölf Jahre alt, als Gauland in sein Leben trat, als neuer Mann an der Seite seiner Mutter. Der Herausgeber ihrer Zeitung, *der* Zeitung, seiner Zeitung. Hein erlebte seine ersten Jahre im Betriebskindergarten der *Märkischen Volksstimme*, Organ der SED-Bezirksleitung für den DDR-Bezirk Potsdam. Seine Mutter hatte eine sozialistische Sozilisation mit Studium im sogenannten roten Kloster durchlaufen, der Sektion Journalistik an der Karl-Marx-Universität Leipzig. Als die Mauer fiel, war ihr Sohn fünf Jahre alt. Die Zeitung löste sich von der Partei, wurde rasch umbenannt in *Märkische Allgemeine* und zwei Jahre später von der Treuhand an die FAZ verkauft. Der aus Frankfurt importierte Herausgeber pendelte zunächst zwischen West- und Ostdeutschland, bis er sich für ein neues Leben in Potsdam entschied, wo er die Geschicke der größten Regionalzeitung im Land Brandenburg leitete.

Von der Lebenswelt ihrer Leser ist er allerdings denkbar weit entfernt. Er nähert sich der Mark über die preußische Geschichte, die Hohenzollern, die Werke von Theodor Fontane und Günter de Bruyn, aber nicht über ehemalige Stahlwerker von der Havel oder Spargelbauern aus Beelitz. Deren

Sorgen treiben zwar die Redaktion um, für die seine neue Lebensgefährtin Carola Hein schreibt, nicht aber ihren Herausgeber. Seit der Trennung seiner Eltern lebt Stefan Hein bei der Großmutter, in Distanz zu «Herrn Gauland», den er zeitweilig auch «Herr Doktor» nennt. Dieser unterstützt ihn finanziell, kommt für seinen USA-Aufenthalt als Schüler auf. Aber bis zum Zivildienst bleibt er bei der Oma. «Es gab nie eine gemeinsame Wohnung. Das stand nie zur Debatte.» Erst nach elf Jahren bietet der unnahbare Westdeutsche dem Sohn seiner Lebensgefährtin das «Du» an. Bis dahin galt für Hein die asymmetrische Anrede «Kommen Sie mal her, Stefan». So wie «feine Leute» mit ihrem Personal sprechen. Er sagt, dass es ihn nicht gestört habe. «Er ist ja nicht mein Vater. Es war schon eine sehr große Distanz.» Bis zu ihrer gemeinsamen Zeit in der AfD. Wie Gauland wechselte Hein aus der CDU in die neue Partei. Er begeisterte sich für das Leben in der Burschenschaft «Germania» und gründete an seinem Studienort Greifswald einen AfD-Kreisverband. Nach neun Jahren Studium in wechselnden Fächern verlässt er die Universität mit einem Bachelor in Wirtschaftskommunikation. Sein Fokus ist längst die AfD, auch seine berufliche Chance. Hinter seinem politischen Ziehvater rückt er 2014 als Mitglied einer elfköpfigen Fraktion in den Landtag seiner Heimatstadt ein. Ein großer Erfolg für den damals 30-Jährigen, der bis dahin nirgendwo so richtig Fuß fassen konnte.

Noch vor der konstituierenden Sitzung aber lässt Alexander Gauland ihn gnadenlos fallen, wirft ihm öffentlich «charakterliches Versagen» vor. Er hat ihn geopfert für den Zusammenhalt seiner Fraktion. Der *Spiegel* schreibt, Hein habe Informationen über die rechtslastige Vergangenheit einzelner Fraktionsmitglieder gesammelt, die man deswegen loswerden wollte. Er hatte eine entsprechende E-Mail an die Redaktion verfasst. Es hieß, Gauland fürchte um den Ruf seiner

Fraktion. Nach Veröffentlichung der Geschichte widersprach dieser aber öffentlich und stellte klar, es gebe «keinerlei Bestrebungen, Abgeordnete dazu zu bewegen, ihre Mandate nicht anzunehmen. Wir machen doch nicht engagierten Wahlkampf, um hinterher Abgeordnete von uns aus dem Landtag zu ekeln.»[1] Hein aber sah sich als Spindoctor, «zeitweilig fühlte er sich wohl wie eine Art Parteivorsitzender», sagt Gauland.

Es ist der erste Skandal, der die junge Landtagsfraktion erschüttert. Hein hat ihr einen Stolperstart beschert. Er entschuldigt sich mit einem Brief an die Fraktion, wird aber von ihr ausgeschlossen. Seine politische Karriere ist damit beendet. Er gehört zu den zahlreichen AfD-Aktivisten der ersten Stunde, die die von ihnen mitausgelöste Bugwelle weggerissen hat, weil sie im Zustand der Euphorie die eigene Wirkungsmacht überschätzt haben. Ein Fehler, der Gauland niemals unterlaufen würde, weil er sich nicht von Emotionen leiten lässt.

12. Am Beispiel der Grünen

Die Partei von Ditfurth, Fischer und Trittin dient Gauland
als Vorbild für die AfD

Wie der Ausgleich in einer Bewegungspartei mit ganz unterschiedlichen Strömungen vonstattengeht, hat der Frankfurter
Lokalredakteur Claus-Jürgen Göpfert jahrelang aus der
Nähe studiert. Er ist der Chronist der dortigen grünen Geschichte. Cohn-Bendit kennt er seit den Anfängen am Frankfurter Pflasterstrand. Im Lauf der Zeit sind sie gute Freunde
geworden. Seit 1980 berichtet der Lokalredakteur der FR
über Frankfurter Stadtpolitik. Mit dem Büroleiter des Oberbürgermeisters hatte er vom ersten Tag an zu tun. Claus-Jürgen Göpfert zieht den Hut, darunter zeigt sich ein bartge-
rahmtes, freundliches, rundes Gesicht. An den Kleiderhaken
hängt er ein Tweedsakko und bestellt einen Earl Grey. «Die
Jacken halten bei mir auch 30 Jahre, damit zumindest ist
Gauland sich treu geblieben.» Göpfert ist jetzt der Dienstälteste bei der *Rundschau*, deren Stolz als bundesweites linksli-
berales Flaggschiff in den vergangenen Jahren arg unter der
Zeitungskrise gelitten hat.

Einmal nannte Gauland ihn seinen «lieblingslinken Journalisten». Göpfert hat zahlreiche Konflikte mit dem Büro des
Oberbürgermeisters ausgefochten. «Gauland war so etwas
wie der Kettenhund, der Wadenbeißer von Wallmann.» Während die Journalisten dessen Vorgänger noch hatten persönlich anrufen können, liefen nun sämtliche Anfragen über

Gauland. Der hatte das Geschäft im Umgang mit den Medien schließlich von der Pike auf gelernt und setzte alles daran, Wallmann in ein gutes mediales Licht zu rücken. Göpfert erinnert sich an seinen ersten Krach mit ihm. Vor der Kommunalwahl versuchte der Oberbürgermeister das Bahnhofsviertel zu säubern, indem er andere Viertel als Toleranzzonen für Prostitution auswies. «Da brach dort ein Aufstand los, ausgerechnet angeführt von örtlichen CDU-Politikern.» Göpfert schrieb eine kritische Artikelserie darüber, damals noch in der *Frankfurter Neuen Presse*.

Daraufhin rief Gauland ihn an und bestellte den 26-jährigen Jungredakteur ein. «Das war typisch für Gauland. Er knallte mir eine Mappe mit meinen Zeitungsartikeln auf den Tisch, die alle rot angestrichen waren. Danach kam Wallmann rein und fing an zu schreien.» Sie warfen ihm eine Kampagne vor, forderten ihn auf, «das einzustellen». Es war wohl bloß die Inszenierung einer Aufregung, vermutet Göpfert heute, um Druck zu machen. «Gauland ist selbst allerdings niemals laut geworden. Er konnte eiskalt sein, hatte eine schneidende Art, in der ich ihn heute wiedererkenne, wenn ich ihn im Fernsehen sehe.» So wie bei dem Gerangel um die Besetzung einzelner parlamentarischer Gremien zu Beginn der ersten Legislaturperiode der AfD im höchsten deutschen Parlament. «Wenn man Krieg haben will in diesem Bundestag, dann kann man auch Krieg kriegen», sagte der Fraktionsvorsitzende in einem Interview, und weiter, «wir haben keine Lust, immer einen Tritt in den Hintern zu kriegen und dann nett zu den anderen zu sein, das wird es nicht mehr geben.»[1] So kennt Göpfert ihn: «Dieses Zitat hätte er auch damals sagen können. ‹Wer den Krieg im Römer haben will, kann ihn haben›.»

Eine Beobachtung haben alle Menschen gemacht, die ihm im Lauf der Jahrzehnte nahe gekommen sind und sich heute im Gespräch an Gauland erinnern: dass er stets menschlich kühl bleibt und sich niemals offensichtlich aufregt. Selbst mit Wallmann hat er sich bis zum Schluss gesiezt. Ebenso mit zahlreichen anderen langjährigen Weggefährten. Wenn Wallmann wieder einmal zu einer geselligen Runde geladen hatte – er sang gerne, spielte im privaten Kreis Klavier und trank ausgiebig Hochprozentiges dazu –, war Gauland nur in Ausnahmefällen mit von der Partie. Von Wallmann gibt es Kinderfotos, vertraut mit dem jüngeren Bruder und den Eltern im harmonischen Familienmotiv. Solche Bilder finden sich von Gauland nicht. Es gibt Menschen, die ihn gut kennen und ihm die Fähigkeit zur Empathie gänzlich absprechen. «Seine emotionale Seite ist etwas unterentwickelt», sagt einer dieser Menschen. Kandidaten, die ihm in Bewerbungsgesprächen gegenübersaßen, und verschiedene Mitarbeiter der *Märkischen Allgemeinen* einigen sich auf das Urteil «arrogant». «Aber in Frankfurt hat er einige Jahre lang für eine gewisse Annäherung der Milieus gesorgt», sagt Göpfert. Es fällt der Begriff vom «Brückenschlag» zu den Grünen. Ganz sicher sei Gauland in dieser Zeit eine Art Wegbereiter dessen gewesen, was viele Jahre später als Produkt Schwarz-Grün im hessischen Polit-Labor entwickelt wurde.

In der Anfangszeit der AfD bemühten Gegner und professionelle Beobachter häufig die Piratenpartei. Man solle doch auch diese neue Partei nicht so ernst nehmen. Die Piraten, die aus dem Nichts die Parlamente erobert hatten, seien schließlich innerhalb kurzer Zeit wieder verschwunden. Warum solle es der AfD anders ergehen? Die meisten Vertreter dieser Annahme waren aber wohl schlicht von dem Wunsch geleitet, dass diese neue Partei am rechten Rand des politischen

Spektrums bald wieder verschwinden möge. Dabei blendeten sie das schwere Unwetter einfach aus, das über der politischen Landschaft aufzog, um sich bald zu entladen. Lange wurde die Substanz der AfD schlicht ignoriert. So, als wollte man einfach nicht wahrhaben, was da an politischer und beruflicher Erfahrung, gesellschaftlichen Verbindungen und finanziellen Möglichkeiten zu diesem gärigen Haufen zusammen getragen wurde.

Der Nachfolger von Albrecht Glaser als Kämmerer der Stadt Frankfurt hat 43 Jahre Mitgliedschaft in der hessischen CDU hinter sich, darunter ein paar Jahre als deren Fraktionsvorsitzender im Römer. Anfang 2013 ist Horst Hemzal seinem Amtsvorgänger in die AfD gefolgt. Wie andere ehemalige Christdemokraten, wie Gauland und Glaser auch, gilt Hemzal in der hessischen CDU als Abtrünniger und Enttäuschter. Als der Vergleich mit den Piraten noch häufig gebraucht wurde, konnte Hemzal ihn auch vor dem Hintergrund der eigenen Erfahrung entkräften: «Wir werden schon deshalb nicht das Schicksal der Piraten-Partei teilen, weil sich in unseren Reihen ganz andere Persönlichkeiten finden», sagte er dem Lokalredakteur Göpfert.[2] Der wiederum sieht sich bei der AfD völlig unabhängig von politischen Botschaften inzwischen sehr an die Entwicklung einer anderen Partei erinnert.

Sprach man Gauland in der frühen Phase der AfD auf den Vergleich mit den Piraten an, winkte er nur müde lächelnd ab. Mit einer Handbewegung, die wohl signalisieren sollte: Das höre ich ständig, es wird dadurch nicht richtiger, und deshalb langweilt es mich. Immerhin war dies ein Weg, ihn im Gespräch auf die Grünen zu bringen, an deren Beispiel man viel lernen könne: «Schließlich belegen gerade die Erfolge der Grünen, dass man mit durchgehaltenen Überzeugungen – und seien sie noch so falsch – gesellschaftlich gewinnen kann», hatte er schon in der Zeit vor Gründung seiner neuen Partei geschrieben.[3] Die AfD-Funktionäre haben sich aber auch die kurze Erfolgsstory der Piraten ganz genau angeschaut, vor allem auch deren jähes Ende, um Lehren daraus zu ziehen. Diese formulierten sie in einem Strategiepapier auf ihrem Weg in den Bundestag. Da hinein hatten es die Piraten nicht geschafft. In der AfD weiß man, warum: «Es geht für eine erfolgreiche AfD – vor allem solange sie in der außerparlamentarischen Opposition ist – nicht darum, zu möglichst allem etwas zu sagen. Genau das war der Fehler der Piraten, denen von den Medien nach ihrer Erfolgsstrecke 2011/2012 eingeredet worden ist, dass sie auch zu für ihren Wahlerfolg unwichtigen Themen der Wirtschafts- und Sozialpolitik relevante Aussagen treffen sollten. Statt sich auf ihre Alleinstellungsmerkmale Netzpolitik, Bürgerrechte und Demokratie zu konzentrieren, hat sich die Piratenpartei fortlaufend an den linken Mainstream angepasst und dessen Standardthemen übernommen, ohne sich dort wirklich zu profilieren. Damit wurden die Piraten überflüssig.»[4]

Auch deshalb lenkte die AfD ab einem gewissen Zeitpunkt jede politische Debatte, jedes Interview wiederkehrend auf die nunmehr zu Kernthemen ausgerufenen Fragen über die Negativszenarien von Asyl, Islam und Integration sowie den damit angeblich einhergehenden Identitätsverlust der deutschstämmigen Bevölkerung. So wie die Bewegungspartei der Grünen in ihren Anfangsjahren mit den Themen Ökologie und Pazifismus durchschlagenden Erfolg hatte. Angelehnt an die erfolgreiche Strategie der Grünen hatte die AfD in ihrem Manifest die eigenen Kernthemen eindeutig definiert, auf die man sich in der öffentlichen Debatte fokussieren wolle: «Für die Imagebildung sind nur wenige, sorgfältig ausgewählte und kontinuierlich bespielte Themen von Bedeutung […]. Es geht für den Erfolg der AfD darum, bei wenigen ausgesuchten und für die derzeitige Wählerschaft der AfD konsensstiftenden Themen das für die eigenen Wähler Richtige in die Öffentlichkeit zu bringen.»[5]

In der Umsetzung dieser Strategie ging Gauland stets voran, auf seinem Weg in den Bundestag und anderswo. Eine Woche nach seinem Einzug in denselben bündelte er einige dieser Kernthemen beispielhaft in einer Antwort auf die Frage eines ZDF-Moderators: «Auf allen Veranstaltungen von uns stehen Menschen auf und sagen, wir fühlen uns nicht mehr zu Hause, wir trauen uns nicht mehr auf die Straße und nicht mehr in die U-Bahn», sagte Gauland seiner bewährten Masche folgend, sich stets zum Anwalt für das vermeintliche Anliegen anderer zu machen. Er sagt selten, dass er selbst die Dinge so sieht, wie er sie verkauft, auch um dafür an anderer Stelle nicht in Haftung genommen zu werden. «Es gibt ein Gefühl der kulturellen Veränderung in diesem Land, und dem haben wir Ausdruck gegeben.» Und dann stellt er auf die Zahl der Flüchtlinge ab, «die wir seit 2014 aufgenommen haben», und rechnet den möglichen Nachzug von Syrern vor, deren Zahl sich damit verdreifachen könnte, «die die kulturelle Entfremdung in unserem Land immer stärker machen».[6]

An die längst zurückliegende Zeit, als die Grünen noch als linke Spinner abgetan wurden, kann Gauland sich noch gut erinnern. Zwei Jahre nachdem er das Vorzimmer des Frankfurter Oberbürgermeisters auf dem Römerberg bezogen hatte, gründeten sich die örtlichen Grünen im Serengeti-Saal des Frankfurter Zoos. Den Schlüssel hatte ein wissenschaftlicher Mitarbeiter des Zoos besorgt, der aus den eigenen Reihen kam. Hatte doch niemand in der Stadt der neuen Partei einen Raum zur Verfügung stellen wollen.[7] Genauso erlebt es die AfD bis heute an vielen Orten, an denen sie Parteiveranstaltungen abhalten möchte. Auch aus dieser Ablehnung speist sich das Gefühl des Widerstands, das den inneren Zusammenhalt in der Bewegungspartei stärkt. Dieses Gefühl wiederum überträgt sich auf Wähler und Sympathisanten, so haben es einst auch die Grünen erlebt, beobachtet von Gauland aus seinem Dienstzimmer im Frankfurter Römer. Bei der ersten Kommunalwahl, an der sie in Frankfurt teilnahmen, erreichten sie bereits 6,4 Prozent der Wählerstimmen. Nach Bremen war die Mainmetropole damit die zweite deutsche Stadt, in der die Grünen ins Parlament gelangten. Mit sechs Stadtverordneten zogen sie als Fraktion in den Römer ein, eine davon war Jutta Ditfurth, radikalökologische Mitgründerin der Partei.

In ihrem Buch *Das waren die Grünen* beschreibt sie, wie sie spektakuläre Oppositionspolitik im Parlament und außerhalb veranstalteten.[8] Schon auf der ersten Sitzung des neuen Stadtparlaments inszenierten sie einen Smogalarm als Protest gegen die Luftverschmutzung in der Stadt. Auf einem Foto aus dem Frankfurter Stadtarchiv ist Ditfurth zu sehen, wie sie mit ihren Mitstreitern in weißem Kittel und mit Gasmaske auf ihrem weiß geschminkten Gesicht in den Saal einzieht. Dabei trägt sie ein Schild mit der Aufschrift «Grüner Katastrophenschutz – parlamentarisch und außerparlamentarisch». Aus der CDU-Fraktion kam lautstarker Protest: «Was für ein Pack!» und «Von jetzt an müssen wir den Römer öfter entlausen!»[9]

Die frühe Römer-Fraktion um Jutta Ditfurth war die Keimzelle, aus der sich die Grünen hessenweit entwickelten, personell wie organisatorisch. Fortan setzten sie ihr Zwei-Säulen-Konzept um: im Parlament und auf der Straße – mithilfe zahlreicher Menschen aus der Friedens- und Anti-AKW-Bewegung, in der sie selbst verwurzelt waren. Ditfurth sah die Anti-AKW-Bewegung – wie die APO auch – als Teil

Am Beispiel der Grünen

einer «Minderheitenbewegung». Dieser sei es innerhalb weniger Jahre gelungen, über «phantasievolle Aktionen, reflektierte Militanz, eine ausstrahlungsstarke Widerstandskultur, mit Aufklärung und Aktionen, wie Bauplatzbesetzungen und Demonstrationen, die öffentliche Meinung zu beeinflussen».[10] Ihre Erinnerungen an die zahlenmäßig anwachsenden Demonstrationen gegen geplante Atomkraftwerke, zum Beispiel 1975 im südbadischen Wyhl, zeigen Parallelen zu der Dynamik von Straßenprotesten auf, die das Land 40 Jahre später auf dem Höhepunkt der Flüchtlingskrise erfasste. Nur dass die Proteste diesmal von rechts kamen. Gleichwohl ähneln sie sich in der Form. Hier mit der Vorstellung, den Bau von Atomanlagen zu verhindern. Dort mit dem Ziel, die Ansiedlung von Flüchtlingen als unmöglich erscheinen zu lassen und die Bundesregierung zur Umkehr in ihrer Flüchtlingspolitik zu zwingen.

«Sein Wissen, das er heute nutzt, geht meiner Wahrnehmung nach auch auf seine persönlichen Erfahrungen mit den Grünen zurück», sagt Gaulands ehemaliger Referent Springer. «Die Grünen haben ihn in gewisser Weise mit einem Reservoir an Erfahrungswissen versorgt.» Auch Cohn-Bendit gibt zu, dass vieles von dem, was er in den Medien über die AfD verfolgt, ihn an die Entwicklung der eigenen Partei erinnere. Auch wenn das dort natürlich kaum jemand hören möchte. Wenn er über Gauland und die AfD nachdenkt, kommt er zu dem Schluss, dass dieser sich ein Beispiel an den Grünen genommen habe, wie er sie in Frankfurt habe beobachten können: «Die Grünen waren damals ein bunter Haufen und haben sich dann politisiert, sind zu einer Partei geworden», sagt Cohn-Bendit.

Bei der Umsetzung des rechten Zwei-Säulen-Modells zeigte sich allerdings gleich zu Beginn der flüchtlingsfeindlichen Straßenproteste ein wesentlicher Unterschied zur Be-

wegungsgeschichte der Grünen: Als Pegida zu ihren Hoch-
zeiten bis zu 20 000 Menschen in Dresden hinter sich
versammelte und sich zur gleichen Zeit in vielen deutschen
Städten der Protest gegen die Bundesregierung formierte,
hatte dieser bereits eine feste politische Stimme in der AfD.
Deshalb setzte die Wechselwirkung zwischen dem Protest
auf der Straße und dem Agieren im Parlament sofort ein.

Die AfD hat das Motto der «grünen Katastrophenschüt-
zer» um Jutta Ditfurth aus dem Frankfurter Römer hochgra-
dig professionalisiert, das «parlamentarische und außerparla-
mentarische» Zusammenwirken der Bewegung. Und sie hat
sich auch die Kreativität der ursprünglich linken Protestkul-
tur abgeschaut. Eine junge, innovative Gruppe ahmt ihre ein-
fallsreichen Aktionsformen nach und erweitert sie um die
Wirkung der neuen Medien. Die «Identitären», eine subkul-
turelle, europaweit vernetzte rassistische Strömung, die zur
Zeit der AfD-Gründung im Umfeld des islamfeindlichen
Protests in Frankreich entstanden ist, agieren nun in Deutschland als Sturmtrupp der AfD. Vor allem über die «Junge Alternative», die Jugendorganisation der Partei, und über das
Burschenschaftlermilieu gibt es zahlreiche personelle Über-
schneidungen. Aber anders als seinerzeit die Grünen versucht die AfD ihre Verbindung zu radikalen Aktivisten aus
ihrer Bewegung in der Öffentlichkeit bis heute zu verschlei-
ern. Sie verweist auf ihren Abgrenzungsbeschluss zu rechtsextremen Gruppen, der allerdings nur auf dem Papier Gül-
tigkeit besitzt. Hintergrund ist die Beobachtung der
Identitären durch den Verfassungsschutz in Bund und Ländern.

Während sich die AfD mit jedem Einzug in ein Landes-
parlament bei der Suche nach kreativen Mitarbeitern unter
den häufig studentischen Identitären bediente, leugnete Gauland auch auf hartnäckige Nachfrage deren Existenz in seiner

Am Beispiel der Grünen

Fraktion: «Ich kenne keinen, der der Identitären Bewegung angehört hat», sagte er sichtlich genervt bei einem Gespräch im Landtag über der identitären Bewegung angehörende Mitarbeiter in seinem Stab. In solchen Situationen zeigt er sich ertappt. Ein genervter Gauland ist jedenfalls immer einer, der seine Sache ernsthaft in Bedrängnis sieht. Der Nachweis für den rechtsextremen Hintergrund zahlreicher identitärer Mitarbeiter ist längst erbracht: Neben den Fraktionen in Potsdam, Magdeburg, Schwerin, Berlin und Stuttgart sind einige der rechtsextremen Aktivisten inzwischen auch in den Büros der Bundestagsfraktion untergekommen. Sie sind fester Bestandteil der Partei.

Einzig der bayerische Abgeordnete Petr Bystron war so ehrlich, die Identitären öffentlich als «Vorfeldorganisation der AfD» zu bezeichnen, die für die Partei eine ähnliche Bedeutung habe wie «Greenpeace für die Grünen». Doch die Identitären treten eben nicht für ökologische Ziele ein, sondern gegen die «Überfremdung» Europas. Die Gründung der Gruppe geht auf die Legende vom großen Bevölkerungsaustausch zurück, der zufolge die Verdrängung der eingesessenen europäischen Bevölkerung einem Plan folge, der durch die Regierenden umgesetzt werde. Um das zu verhindern, haben sie sich der «Rückeroberung» Europas verschrieben, der «Reconquista», wie sie es nennen. Dafür betreten die Identitären mit ihren kreativen Aktionen die Handlungsebene des Verbotenen, allerdings ganz bewusst bislang nur bis zur Grenze der Militanz. Inhaltlich befinden sie sich mit ihren Aktionen in Übereinstimmung mit dem AfD-Politiker Gauland, wenn dieser die deutsche Asylpolitik als den «Versuch» bezeichnet, «das deutsche Volk allmählich zu ersetzen durch eine aus allen Teilen dieser Erde herbeigekommene Bevölkerung».[11]

13. Unter Rechten

Gauland ist einer der wichtigsten Türöffner für Rechtsextremisten. Ihre Ziele unterstützt er wahlweise durch Zustimmung oder Schweigen

Wie beides zusammenwirkt, die AfD und die rechtsextreme Aktionsgruppe der Identitären, war zwei Tage nach dem Terroranschlag vom 19. Dezember 2016 zu beobachten. Auf dem Berliner Breitscheidplatz waren zwölf Menschen durch den als Flüchtling registrierten Tunesier Anis Amri getötet worden. Gleich am nächsten Tag trafen sich einige radikale Akteure aus Partei und Bewegung am Rande einer AfD-Weihnachtsfeier in Magdeburg, um darüber zu beraten, wie sie den Terroranschlag für sich nutzen könnten. Auch Gauland war darunter. Man einigte sich für den Folgetag auf eine als «Mahnwache» für die Opfer des Terroranschlags deklarierte Kundgebung vor dem Bundeskanzleramt, Parteisymbolik untersagt. Anmelder war ein radikaler Landtagsabgeordneter aus Gaulands Fraktion in Brandenburg. Es gab keine Reden, ausgenommen die eines ehemaligen sächsischen Pastors aus der Bewegung, außerdem ein Requiem vom Band. Versammelt hatten sich rund 400 Menschen. «Merkel klebt das Blut ihres Volkes an den Händen», war da auf Plakaten zu lesen, dazwischen zahlreiche schwarz-rot-goldene Fahnen. Angeführt wurde das Ganze von Gauland und Höcke.

Im Hintergrund wirkten Siegfried Däbritz aus dem Pegida-Orga-Team, Jürgen Elsässer, Chefredakteur von *Com-*

pact, sowie der Antaios-Verleger Götz Kubitschek, der ideologische Kopf der neurechten Bewegung aus Sachsen-Anhalt. Gauland nennt ihn «einen klugen Intellektuellen, den ich sehr schätze». Die beiden telefonieren regelmäßig. Immer wieder ruft Kubitschek an, schickt Bücher aus seinem Verlag, für den Gauland ein wichtiger Multiplikator ist. Längst hat er den Platz von Intellektuellen eingenommen, die sich aus Gaulands Leben verabschiedet haben. Dieser Kontakt ist dem AfD-Vorsitzenden deshalb sehr wichtig, denn als intellektuelle Austauschpartner taugen die meisten AfD-Funktionäre nicht. Auch durch solche Verschiebungen findet die Altersradikalisierung Gaulands statt. Es ist ein Verstetigungsprozess: Seit er sich aus der offenen Gesellschaft verabschiedet hat, wird Gauland von neurechten Protagonisten umarmt und hofiert. Über ihn nehmen sie Einfluss auf die Geschicke der AfD. Höcke hatte Gauland den neurechten Vordenker und Strippenzieher Kubitschek bereits in den Anfangszeiten der AfD bei einer Zusammenkunft in einem «ganz ordentlichen Restaurant» in Thüringen vorgestellt.

Höcke ist belesen. Der Studienrat für Deutsch und Geschichte gehört zu den wenigen Köpfen in der AfD, mit denen sich Gauland intellektuell auf Augenhöhe sieht. Vor allem verbindet Höcke und ihn ihr ausgeprägtes Geschichtsbewusstsein, das wesentlich für ihre aktuelle Politik ist. Es ist auch der Antrieb für die Kehrtwende in der deutschen Erinnerungskultur, die sie beide über die AfD anstreben. Ein Unterschied liegt einzig darin, dass es Gauland um den Erfolg der AfD geht. Wie anderen Rechtsextremisten auch geht es Höcke dagegen um seine Ideologie, für die eine Partei, in diesem Fall die AfD, immer nur ein Vehikel sein kann. Auch Gauland ist in diesem Sinne nützlich, zumal auch er an der Umdeutung der deutschen Geschichte arbeitet.

Zu diesem Zweck hatte sich der Gymnasiallehrer aus dem

nordhessischen Bad Sooden-Allendorf schon am 13. Februar 2010 in Eiseskälte mit 3000 anderen Rechtsextremisten auf dem Schlesischen Platz in der Dresdner Neustadt versammelt. Die harte ostdeutsche Szene fror bei 13 Grad Kälte auf Einladung der rechtsextremen Jungen Landsmannschaft Ostdeutschland (JLO) und der NPD, dazu Neonazis aus Österreich, Tschechien und der Slowakei. Anlass war der Jahrestag der Bombardierung Dresdens durch alliierte Flieger im Zweiten Weltkrieg, für die die NPD den Begriff «Bombenholocaust» in die Welt gesetzt hat. Weil es auch hier um die Umdeutung deutscher Geschichte ging, um die Verkehrung der Schuld am Zweiten Weltkrieg und die Relativierung des Völkermords an den Juden. Die Polizei hatte einen engen Kessel aus Beamten und Hamburger Gittern um die Rechtsextremisten gezogen. Wie der Autor dieser Zeilen[1] stand auch Lehrer Höcke mittendrin, er schrie gegen die Polizeimaßnahme an. Ein paar Meter neben ihm zogen sich Männer Halstücher vor das Gesicht, verstießen so gegen das Vermummungsverbot. «Scheiß Juden, nur die sind schuld daran, dass wir hier drangsaliert werden», sagte einer von ihnen.

Sieben Jahre später kehrt Höcke nach Dresden zurück. Nun ist er prominent, und die Bewegung ist ein gehöriges Stück weiter als damals auf dem Schlesischen Platz. Einige Mitglieder der JLO haben sich der AfD angeschlossen. Mit Höcke hat die rechtsextreme Szene einen einflussreichen Vertreter in der Partei und im Thüringer Landtag sitzen, wo er die AfD-Fraktion anführt. Auf Einladung der Jungen Alternative (JA) bricht Höcke hier in Dresden, wo über Jahre der Boden bereitet wurde, das letzte große Tabu der Bundesrepublik. In seiner berüchtigten Rede im Brauhaus Watzke fordert er eine «erinnerungspolitische Wende um 180 Grad», spricht von einer «dämlichen Bewältigungspolitik» und – bezogen auf das Holocaust-Mahnmal in Berlin – von einem

«Denkmal der Schande». Die zu erwartende öffentliche Empörung kann Höcke aushalten, auch weil er Gauland hinter sich weiß. Dass dieser im Jahr darauf vor einem ähnlichen Setting der JA in Thüringen bei einer Rede die zwölf Jahre Nationalsozialismus als einen «Vogelschiss» beschreibt, ist weder Zufall noch Versehen.

Die Rede im Ball- und Brauhaus Watzke fand nur wenige Wochen nach der «Mahnwache» vor dem Kanzleramt statt. Zum Abschluss hatten Höcke und Gauland dort noch einige der erhofften Fernsehinterviews gegeben, dabei war die Rede von der «Schwelle zur Zeitenwende». Danach löste sich das Ganze auf. Gauland zog sich seine englische Schlägermütze in das müde und von der Kälte gezeichnete Gesicht und ging langsam zu seinem Wagen zurück. Als die Menge allmählich zerstob, sprang wie auf Knopfdruck ein junger Mann mit einem Megafon in der Hand auf den Platz und rief laut aus: «Wir fahren jetzt zur Klingelhöferstraße und stürmen das Adenauer-Haus, wer will, kommt mit.» Während sich die AfD-Politiker verdrückten, setzte sich der aktionistische Teil der Menge in zahlreiche Autos und fuhr ein paar Straßen weiter durch den Tiergarten. Däbritz steuerte seinen VW-Bus voll besetzt mit Hooligans aus seiner sächsischen Heimat zum Konrad-Adenauer-Haus. Dort stand bereits der ehemalige Pressesprecher von Gauland aus Brandenburg und übertrug die Szenerie mit seinem Smartphone live via Facebook. Er arbeitet seit seiner Absetzung als Gaulands Sprecher im Büro des Landtagsabgeordneten, der die Kundgebung vor dem Kanzleramt angemeldet hatte. Demnächst möchte er Bürgermeister in seiner Gemeinde an der polnischen Grenze werden. Über solche Personalien greifen Bewegung und Partei ineinander.

Ein paar Dutzend junge Aktivisten der Identitären hatten bereits vergeblich versucht, in die Parteizentrale vorzudringen. Aber die Glasfront war bereits verschlossen, die Mitarbeiter der CDU hatten schon Feierabend. Also setzten sich die jungen Frauen und Männer auf den eiskalten Boden davor, hakten sich unter, bildeten eine Sitzblockade und erwarteten so eine Reaktion der herbeieilenden Bereitschaftspolizisten. Dabei skandierten sie im Wechsel «Europa, Jugend, Reconquista, macht die Grenzen dicht!» und «Merkel muss weg!». Unter ihnen saßen einzelne Mitarbeiter aus AfD-Landtagsfraktionen auf ihrem Hosenboden, auch aus Gaulands engstem Umfeld. Schließlich ließen sie sich wegtragen. Wie einst Ditfurth und zahlreiche andere friedens- oder ökologiebewegte Menschen. Von der anderen Straßenseite schauten Däbritz, Elsässer, Kubitschek und ihre sächsischen Hooligans zu und riefen im Chor in Richtung Polizei: «Keine Gewalt!»

Im Jahr zuvor hatten einige dieser identitären Aktivisten unter der gleichen Botschaft in einer gekonnten Kletteraktion das Brandenburger Tor besetzt, Banner gehängt, die ganze Chose selbst gefilmt und sich auf diese Weise kunstvoll in Szene gesetzt, um die Bilder anschließend über soziale Medien zu verbreiten, von wo aus sie auch ins Fernsehen gelangten. Das war der bisher größte Propagandaerfolg der Gruppe. Ähnliche Aktionen folgten unter anderem vor dem Bundesjustizministerium, auf dem Gebäude des Kölner Hauptbahnhofs nach der berüchtigten Silvesternacht und auf der Stadthalle in Cottbus, um gegen den Zuzug von Flüchtlingen zu protestieren. Die Parallelen zur antiautoritären Bewegung der Generation Cohn-Bendit und Ditfurth sind bewusst gewählt und gewissermaßen neuzeitlich inszeniert.

Die auf Intervention und Provokation basierenden Aktionsformen der 68er Bewegung haben sich die Rechten mit Bedacht abgeschaut, organisatorisch und ästhetisch. Für den Soziologen Thomas Wagner bewegen sich rechte Gruppierungen wie die Identitären in ihrer «Selbstinszenierung als Bürgerschreck» damit in den «Fußstapfen von Rudi Dutschke und den Akteuren der Außerparlamentarischen Opposition». Er schreibt, dass das heutige Äquivalent zum von Cohn-Bendit herausgegebenen *Pflasterstrand Compact* heiße. Und aus dem Kampfbegriff «faschistisch» sei der Kampfbegriff «links-rot-grün-versifft» geworden. «Gestandene rechtskonservative Politiker und Professoren rennen gegen das Establishment an. 50 Jahre zuvor waren es noch die linken Studenten.»[2]

Anders als in der Zeit nach 1968 verfügt die Bewegung der Neuen Rechten längst über einen immer stärker werdenden parlamentarischen Arm. Über ihn entwickelt sich eine Wechselwirkung mit den parteipolitischen Aktivitäten von Politikern wie Gauland. Angetrieben von der Straße und den radikal kreativen Aktivisten landete die AfD so im Bundestag. Von den Grünen lernen hieß für die Partei Gaulands in jedem Fall Siegen lernen. Die Analogie der beiden Bewegungsparteien von links und rechts sowie der beiden außerparlamentarischen Strömungen von 68 und der Neuen Rechten gehört zu den wesentlichen Erkenntnissen im strategischen Verständnis Gaulands. Er kennt die Mechanismen und Kräfte und lässt sie ganz bewusst wirken. Auch wenn er sie nicht kontrollieren kann. Das scheint ihm auch gar nicht so wichtig.

Gauland ist kein Kontrollfreak wie Frauke Petry, die als AfD-Vorsitzende bemüht war, über ihren Alleinvertretungsanspruch die Partei auf sich einzuschwören. Die sogar versucht hat, einen Vorstandsbeschluss durchzusetzen, dem zufolge Einladungen für AfD-Politiker in Talkshows über ihre Bundesgeschäftsstelle verteilt werden sollten. Sie wollte bestimmen, wer für die AfD in den Fernsehstudios sitzt. Seit Edmund Stoiber den Versuch unternommen hatte, ins Bundeskanzleramt zu gelangen, habe sich kein Gast mehr so sehr in die Sendung gedrängt wie sie, hieß es zu dieser Zeit in einer der großen Talk-Redaktionen. Petry wollte Macht über Kontrolle ausüben. Solche Methoden liegen Gauland nicht, er lässt die Leute gewähren, überlässt sie aber auch ihrem eigenen Schicksal. Die von ihm als gäriger Haufen bezeichnete Partei entwickle ihre produktiven Prozesse eigenständig. So etwas lasse sich nicht vorgeben, höchstens moderat anleiten.

Steht die AfD doch ähnlich unter Spannung wie über lange Zeit die Grünen nicht nur damals in Frankfurt zwischen den Fundis um Jutta Ditfurth auf der einen Seite und den inzwischen auch in die Partei eingetretenen Realos um Daniel Cohn-Bendit und Joschka Fischer auf der anderen. «Nach dem ersten großen politischen Erfolg begann sich in der Partei der Gegensatz zwischen Realpolitikern und Fundamentalisten zu vertiefen», notierte Bewegungschronist Göpfert. Während sich die Fundis damals als Sprachrohr der Bürgerinitiativen, als Fundamentalopposition verstanden, drangen die Realos in die Regierung. Ditfurth warf ihnen machtpolitische Ziele vor.[3]

Einen ähnlichen Konflikt muss auch die AfD aushalten. Deshalb hat man sich bei den Grünen auch die Tandemlösungen an den Spitzen von Bundespartei und Bundestagsfraktion abgeschaut. Gauland hat von den Grünen gelernt, dass der Gärprozess darüber zu einem Erfolg kommen kann. Während sich Petry als für ein Tandem untauglich erwies, scheint ihm Alice Weidel dafür eine Idealbesetzung zu sein. Dass er eine Frau hinter sich im Sattel braucht, steht für ihn außer Frage. Es geht ihm um einen Ausgleich der medienwirksamen Sorte: Die politisch bewegliche, physisch belastbare, gut aussehende Unternehmensberaterin Weidel hat er sich für den kräftezehrenden Wahlkampf zum Bundestag an die Seite geholt. Eine moderne, zudem bekennend lesbische Powerfrau, die sich «die politische Korrektheit auf den Müllhaufen der Geschichte» wünscht und vom Rednerpult des Bundestags aus den Bestsellerautor Thilo Sarrazin zitiert, um gegen «Kopftuchmädchen» zu hetzen. Was begehrt das AfD-Herz mehr? Denn für Gauland müssen die Parteispitzen vor allem in der Lage sein, als Redner «die Seele der Partei zu streicheln». Daran sind schon einige gescheitert. Alice Weidel nicht. Und alle Flügel der Partei, der Osten und der Westen, Männer und Frauen, Marktliberale, Nationalkonservative und völkisch Gesinnte, können sich durch dieses Paar nach innen und nach außen vertreten fühlen.

Ein bisschen erinnert Weidel in Gestik und Rhetorik an die von Sandra Hüller verkörperte Unternehmensberaterin Ines Conradi aus dem preisgekrönten Spielfilm *Toni Erdmann,* die sich per Videocoach eine raumgreifende Körpersprache als Vortrags- und Behauptungstechnik für die männlich dominierte Welt der Optimierer und Entscheider antrainiert. Weil sie weiß, dass es funktioniert. Überdies verfügt Weidel über organisatorische Fähigkeiten, die zentral für die Arbeit in der Fraktion sind und die Gauland selbst nie besonders ausgebildet hat – seinen Positionen als Büro- und Staatskanzleileiter Wallmanns zum Trotz. In seinem Büro des Fraktionsvorsitzenden hat er nicht einmal einen Arbeitsplatz eingerichtet, für ihn ist es ein Besprechungsraum. Gauland denkt und redet, führt Interviews, andere organisieren. Weidel ist für ihn das perfekte Match – anders herum wohl auch. Denn ohne ihn wäre sie nicht in diese Position gekommen, auf der sie sich Hoffnung auf eine lange politische Karriere machen kann: Eine Win-win-Situation nennt man das in der Welt, in der sich Weidel bislang bewegt hat. Die beiden haben einen Deal: Sie hält ihm den Rücken frei, und er konzentriert seine schwindenden Kräfte auf das, was er am besten kann:

ausgleichen und strategische Überlegungen anstellen. Wer käme dabei auf den Gedanken, dass die Grünen ihn auf diese Idee gebracht haben?

Im Parteienvergleich Grüne-AfD ist Gauland ein Fundi, kein überzeugter, sondern ein strategischer. Er setzt vorübergehend auf die Strategie als Fundamentalopposition. Seine Annahme ist, dass die AfD im Bundestag vor Ablauf von zwei Legislaturperioden gesprächs- oder koalitionsfähig ist. In diesem Sinne spricht er von «Phasen», die seine Partei durchlaufe. Anders als bei den Grünen sind sie sich in der AfD in Bezug auf die «machtpolitischen Ziele» nämlich längst einig. Es gilt nicht als verpönt, die Macht im Blick zu haben. Nur über den Weg dorthin herrscht Streit. Gauland hält den Ausgleich zwischen den beiden Flügeln in der AfD für die wesentliche Herausforderung, an der sich die Zukunft der Partei entscheidet. «Aber die Sozialisierung im Osten ist nun einmal eine völlig andere. Da sind wir Protest- und Bewegungspartei. Im Westen sind wir eher liberal-konservative Reformpartei.» Gauland glaubt, dass sich dieser Unterschied weiter austarieren lässt. «Man sollte nicht krampfhaft versuchen, das zu vereinheitlichen.» Auch deshalb überlässt er die Landesverbände ihrem eigenen Schicksal und lässt sie jeweils ihren eigenen Weg finden. «Man muss vorsichtig sein, wenn man sagt, was in Nordrhein-Westfalen nicht geht, darf auch in Sachsen-Anhalt nicht gehen, oder was in Baden-Württemberg geht, das ist auch richtig für Sachsen», sagt er. «Ich würde sehr viel mehr Autonomie zulassen, viel weicher mit diesen Unterschieden umgehen.»

Sein ehemaliger Referent Springer hält diese Zurückhaltung für einen wesentlichen Charakterzug Gaulands. Sie sei zugleich eine Machttechnik, die längst auch andere Funktionsträger der Partei verinnerlicht hätten: «In einer jungen, heterogenen und in Teilen anti-elitären Partei wie der AfD

Ordnung von oben zu schaffen muss scheitern. Ordnung schafft sich in dieser jungen Organisation nur von unten durch die Basis selbst.» Weil sie dieses Prinzip missachtet hätten, sei zunächst Lucke, vor allem aber auch Petry gescheitert. «Sie haben sich beide korrumpieren lassen durch den schnellen Machtzuwachs, durch den schnellen Erfolg und auch durch die Vorstellung, eine Partei von oben führen zu können.» Beide hätten der Partei das Vertrauen entzogen, während Gauland auf die Fähigkeit zur Selbstordnung vertraut und sie einfach gewähren lässt. Petry wollte ihrer Partei einen realpolitischen Kurs aufzwingen, der 2021 zur Beteiligung an der Bundesregierung führen sollte. Da störte der fundamentaloppositionelle Flügel, der durch seine rustikale Erscheinung bürgerliche Wähler abschreckt. Über ihren «Zukunftsantrag» sollte ein Parteitag in Köln abstimmen, der als Startschuss für den anschließenden Bundestagswahlkampf galt. Petry wandte sich damit vor allem gegen Höcke, der den damaligen Co-Vorsitzenden Gauland hinter sich wusste. Während Petry konsequent den Parteiausschluss von Höcke betrieb, den sie als schärfsten innerparteilichen Konkurrenten ansah, war in Gaulands Augen ihr «Zukunftsantrag» dazu geeignet, die Partei zu spalten.

In den Tagen vor dem Bundesparteitag fuhr er gemeinsam mit Springer nach Dresden, um Petry in einem persönlichen Gespräch von diesem Vorstoß abzubringen, sie sollte diesen Antrag von der Tagesordnung nehmen. Zuvor hatte Springer vergeblich versucht, eine telefonische Absprache zwischen Petry und Gauland zu organisieren. Die Unterredung in Dresden dauerte schließlich eine Dreiviertelstunde. Springer wartete derweil im Auto auf seinen Chef. Als der schließlich zurückkam, erlebte der Referent seinen unterkühlten Chef zum erste Mal überhaupt empört. Petry habe ihm den Satz hinterhergeworfen, dass sie Höcke bis aufs Messer bekämpfen wolle: «Wenn er sagt, diese Frau ist nicht belehrbar, ist unsäglich, dann ist das die Form der Empörung, die man bei ihm parteiintern sehr selten wahrnimmt. Um nicht zu sagen, fast nie. Daran hat man gemerkt, dass ihn das aufgewühlt hat.»

Die Delegierten in Köln erteilten Petry eine klare Abfuhr und lehnten eine Abstimmung über den «Zukunftsantrag» ab. Petry hatte zudem angekündigt, sie werde als Spitzenkandidatin für die Bundestagswahl nicht zur Verfügung stehen. Das war ihr Ende und zugleich der Startschuss für die Tandemfahrt von Gauland und Weidel. Ihren Parteivorsitz verwirkte Petry schließlich selbst durch den Austritt aus der AfD unmittelbar nach der für die AfD erfolgreichen Bundestagswahl. Die 12,6 Prozent der abgegebenen Stimmen waren das beste Ergebnis seit 1949, das eine neu antretende Partei bei einer Bundestagswahl erzielte. Mit 92 Abgeordneten ist die AfD nun als drittstärkste Fraktion im Bundestag vertreten, sie hat sogar die ostdeutsche Volkspartei Die Linke eingeholt. Deren Fraktionsvorsitzende Wagenknecht wusste längst, wie ihrer Partei geschah, und versuchte diese deshalb ebenfalls auf einen Kurs gegen die Flüchtlingspolitik der Bundesregierung einzuschwören. Die Partei wollte ihr da nicht folgen, es gab zu viele Vorbehalte in der Sache. Der hemmungslosen AfD war das nur recht. Eine Randnotiz dieser Bundestagswahl sind die Ergebnisse der NPD und der Piraten. Sie kamen auf einen Stimmenanteil von jeweils 0,4 Prozent und verabschiedeten sich damit aus der politischen Wahrnehmung. Während die Rechtsextremisten von der AfD geschluckt wurden, haben sich die Piraten auf die von den AfD-Strategen ausgemachte Weise selbst erledigt.

Petry errang eins von zwei Direktmandaten der AfD. Tags darauf inszenierte sie ihren Parteiaustritt als spontanen Abgang im Kameralicht auf einer von vielen erwarteten Pressekonferenz. Gauland wusste von nichts. Was soll danach für sie noch kommen? Irgendwann ein Interview auf der letzten Seite im *Stern* vielleicht: Was macht eigentlich Frauke Petry? Was für ihr politisches Leben alles bedeutete, ist für Gauland bloß ein längerer Sinnabschnitt vor dem nächsten Kapitel. Im Hintergrund hat er gelernt, abzuwarten und genau zu beobachten, wie sich die Dinge entwickeln. Er will die AfD in Ruhe zur Volkspartei reifen lassen. Dafür soll sie zunächst die strategischen Vorteile der Oppositionsrolle nutzen, aus der sich die von ihr so genannten Altparteien und die Medien vor ihr hertreiben lassen. «Entscheidend wird sein, wie lange er persönlich das aushält», meint Cohn-Bendit. «Denn die Zeit, die ihm noch bleibt, ist ja auf natürliche Weise begrenzt.» Bis er selbst einst auf der letzten Seite eines deutschen Nachrichtenmagazins erscheinen wird: als Nachruf im *Spiegel*.

Bei den Grünen damals war es genau anders herum, sie waren jung und hatten reichlich Zeit. Aber es fehlte ihnen an politischer Erfahrung. Dennoch stellte sich der Erfolg schnell ein. Bei den hessischen Grünen dauerte es vier Jahre von dem Einzug der Römer-Fraktion in Gasmasken bis zum Amtseid von Joschka Fischer in Turnschuhen im hessischen Landtag. Vom Gründungsparteitag der Grünen bis zur ersten Bundestagsfraktion dauerte es nur drei Jahre. In der Folge zwang Fischer seine Partei auf einen realpolitischen Kurs, über den sie bis in die Bundesregierung gelangte. Bis dahin vergingen weitere 15 Jahre. Bis zu Deutschlands erstem grünen Ministerpräsidenten in Baden-Württemberg dauerte es 31 Jahre. Eine Volkspartei allerdings sind die Grünen bis heute nicht. Ihre Herkunft als Generationsprojekt haben sie ebenso wenig abstreifen können wie ihre Milieugebundenheit. In diesen Punkten ist die AfD schon weiter. Für Gauland darf die AfD in einer künftigen Bundesregierung auch nicht der Juniorpartner sein, wie es die Grünen sieben Jahre lang unter Bundeskanzler Schröder waren. Er strebt echte Handlungsmacht an.

Das Vorbild ist Österreich, wo es der rechtspopulistischen Schwesterpartei FPÖ gelungen ist, auf Augenhöhe in eine Regierungskoalition mit der konservativen ÖVP einzutreten. Gauland sieht den überzeugt konservativen CDU-Politiker Jens Spahn dabei in der Rolle des jungen österreichischen Bundeskanzlers Sebastian Kurz. Natürlich ist der Name Spahn sehr spekulativ. Den konservativen Politiker aus dem katholischen Münsterland lobt Gauland zu jeder sich bietenden Gelegenheit. Als beide noch in derselben Partei waren, ließ er sich in dessen CDU-Kreisverband nach Borken zu einem Vortrag aus seiner *Anleitung zum Konservativsein* einladen. «Was ist konservativ?» lautet die zentrale Frage, auf die Gauland und Spahn lange Zeit die gleichen Antworten gefunden haben. Inzwischen scheint Spahn geeignet zu sein, einige der von der CDU Abgewanderten wieder einzufangen. Aus keiner Partei sind mehr Mitglieder und Wähler zur AfD gewechselt. Gauland hat also recht, wenn er behauptet, dass der rechtskonservative Spahn vor allem seiner AfD wegen zum Mitglied der Bundesregierung berufen wurde.

Gauland geht es um die Nachfolge in einer «entmerkelten» CDU, wie er es nennt, die dann keine Berührungsängste mehr mit der AfD hätte, zum Beispiel unter Jens Spahn. Das sei alles nur eine Frage der Zeit, das zeige das Beispiel Österreich. Diese Variante ist ein in der AfD sehr verbreitetes Denkmodell. Es herrscht dort weitgehend Einigkeit über die These, von der Gauland fest überzeugt ist: dass der Weg zur Macht nur gemeinsam mit der CDU erreicht werden kann, auch wenn es für eine solche Partnerschaft noch einige Jahre braucht. Bis dahin nutzen ihm die Erfahrungen der Grünen. Er beobachtet sie deshalb genau: «Sie haben ja im Moment das Problem, dass sie von der Bewegung wegkommen, von den ganzen Bürgerinitiativen, mehr ins Parlamentarische»,

Unter Rechten

stellt er fest. «Ich habe meine Zweifel daran, ob das auf Dauer trägt. Ob die Grünen nicht auch eine stärkere Verankerung in ihren Bürgerbewegungen brauchen.» Für Gauland jedenfalls ist die Verwurzelung der AfD in den Initiativen und Grüppchen der rechten Bewegung elementar. Weil die Partei daraus ihre Stärke zieht.

Cohn-Bendit hat keinen Zweifel daran, dass Gauland Fischer dafür bewundert, die Grünen regierungsfähig gemacht zu haben, auch wenn Gauland selbst kein Wort der Anerkennung über den ehemaligen Außenminister verliert. «Wenn ich seine Strategie aber richtig interpretiere, will er genau das, was Fischer erreicht hat», sagt Cohn-Bendit. Die Grünen haben unter anderem erreicht, dass die übrigen Parteien das Kernthema Ökologie übernommen haben. Dass die Bundesregierung einige Monate nach dem Einzug der AfD in den Deutschen Bundestag das Innenministerium um ein Heimatressort erweitert hat, folgt einer Logik, die Gauland aus eigener Anschauung längst kannte. Natürlich ist er der Meinung, dass es dieses Ressort ohne die AfD nicht gäbe, auch keinen Bundesheimatminister von der CSU. Damit liegt er wohl richtig. Auch dass dieser Minister sich dann noch die Forderungen der AfD in der Asyl- und Flüchtlingspolitik zu eigen machte, entsprach durchaus seinen Erwartungen.

14. Stresstest für die Demokratie

Gauland geht es schon lange nicht mehr um das Wohl Deutschlands. Hält unsere Demokratie diesen Belastungstest aus?

Will man sich eine optimistische Lesart zu eigen machen, könnte man Gauland dafür danken, dass er die Funktionalität des demokratischen Erfolgsmodells «Bundesrepublik» einem Stresstest unterzieht und damit die demokratischen Sinne schärft. Er stellt die oft bemühte Wehrhaftigkeit der Demokratie auf eine ernsthafte Probe. Weil er für eine Bedrohung des politischen Systems sorgt, die eben nicht von extremistischen Gruppen außerhalb der Gesellschaft ausgeht. Im Umgang mit solchen Szenarien haben bisher die über Jahrzehnte entwickelten zivilen wie staatlichen Schutzmechanismen gegriffen. Jetzt aber formiert sich der Widerstand unter Gaulands Anleitung aus der gesellschaftlichen Mitte heraus. Und genau das stellt die Demokratie vor eine besondere Herausforderung. Gauland und seine nationalpopulistische Bewegung kämpfen mit Mitteln, die der Rechtsstaat selbst zur Verfügung stellt und die sie nun gegen die Demokratie wenden: Sie schöpfen das Recht auf Meinungs- und Demonstrationsfreiheit bis an die Grenze der Strafbarkeit und Volksverhetzung aus, verschieben damit den politischen Diskurs nach rechts und verschärfen das allgemeine gesellschaftliche Klima. Die von Gauland ausgerufene Treibjagd in den Parlamenten und in der Öffentlichkeit verfängt bei den

Getriebenen aus Politik und Medien, die Stück für Stück erst die Wortwahl und dann die Positionen seiner Bewegung übernehmen. Nachdem er die DNA der politischen Verfasstheit unseres Landes über Jahrzehnte entschlüsselt hat, hat Gauland nun den Hebel an die Demokratie angesetzt.

Grundpositionen, die bis gestern gesellschaftlich als nicht verhandelbar galten, werden heute von der AfD und ihren Anhängern abgeräumt: die Anerkennung der deutschen Kriegsschuld, der europäische Gedanke und die Mitgliedschaft in der Europäischen Union, die Westbindung, die Ablehnung von Hetze als politischem Instrument und vom Sündenbockprinzip – anwendbar auf Minderheiten aller Couleurs – sowie die Menschenwürde, von der nicht von ungefähr der Artikel 1 unserer Verfassung handelt. Längst gilt das Rechtssein einer wachsenden Zahl an Intellektuellen als das eigentliche Abenteuer dieser Zeit,[1] zumal unter jenen, die weitgehend unabhängig vom geschlossenen Politik- und Medienbetrieb agieren. Wer dort allerdings mit unliebsamen Positionen aneckt und deshalb nicht mehr zum Zuge kommt, dem bietet die politische Lebenswelt um Gauland eine Zuflucht, in der man sich obendrein noch als Opfer gerieren kann.

Gemeinsam mit Gauland ist die gesamte Bewegung nun auf ihrem Marsch durch die Institutionen, an dessen Ende die Erlangung der Macht stehen soll. Dabei ist auch unter seinen Parteigängern das Maß an Radikalität ganz unterschiedlich verteilt. Ebenso die Wünsche für die Zeit nach dem Erreichen des angestrebten gemeinsamen Ziels. Künftig werden Vereinsvorsitzende, Mitglieder in Aufsichts- und Rundfunkräten, Hochschullehrer, Rathauschefs und Behördenleiter aus der AfD ihren Einflussbereich mit dem politischen Geist ihres selbst erklärten Widerstands füllen, die ihnen zur Verfügung stehenden Stellen mit den eigenen Leuten besetzen und geltende Gesetze weltanschaulich auslegen. Wer noch als wütender Bürger gegen Ausländer und «linke Gutmenschen» hetzte oder sich Journalisten an den Galgen wünschte, verfügt als amtierender Bürgermeister oder Polizeipräsident über mannigfaltige Möglichkeiten, diesen Menschen das Leben schwer zu machen.

Gaulands Bewegung erscheint im Kontrast zu einer verwundbaren, zuweilen ängstlichen Gesellschaft als eine Ansammlung von Entschlossenen und von solchen, die sich von ihnen mitreißen lassen. Sie treten den Verunsicherten entgegen, die seit langer Zeit schon Konflikte tabuisieren, statt sie auszutragen. Deshalb mangelt es an der Fähigkeit zum offenen Widerspruch und zum demokratisch geführten Streit im Kampf gegen diese gesellschaftliche Herausforderung. Die von der Bewegung geschmähten Eliten – Politiker, Funktionäre, Beamte, Journalisten und Wissenschaftler – sind in ihrer Mehrzahl in eine «Generation Konsens» hineingewachsen. Haltung war nicht gefragt, es gab auch nicht viel, zu dem man eine Haltung einnehmen musste. Deshalb herrscht nun ein Mangel daran. Und diese Eliten wissen sich kaum zu wehren, ohne in die Empörungsfalle zu tappen, die Gauland für sie aufgestellt hat.

Was der anfälligen Mehrheitsgesellschaft lange Zeit gefehlt hat, sind klare inhaltliche Positionen zu den Problemen, die von vielen Menschen in Deutschland als vordringlich wahrgenommen werden: zu sozialer Ungleichheit und mangelnder Sicherheit in einem reichen Land, zu Kriminalität, Verrohung und fehlendem gegenseitigen Respekt, zu gescheiterter Integration und dem Missbrauch eines großzügig gewährten Gastrechts für Schutzsuchende, zu kultureller Identität und Globalisierungsangst. Auch zu Heimatliebe und Patriotismus, weniger im Sinne des in der alten Bundesrepublik so beliebten Verfassungspatriotismus als im Sinne eines Bekenntnisses zu Schwarz-Rot-Gold. Genau darin liegt das Dilemma, an dem Gauland eine fast diebische Freude hat. Er hat in aller Seelenruhe beobachtet, wie sich die Dinge zu Gunsten seiner Bewegung gefügt haben. Aus Angst vor einer eigenen Haltung haben Politik und Medien ihr ein riesiges Themenfeld überlassen, das die anderen Parteien nur schwer werden zurückerobern können. Das Feld trägt die Namen Deutschland, Heimat und Identität.

Natürlich ist der Versuch, verlorenes Terrain zurückzugewinnen und die AfD auf diese Weise zurückzudrängen, längst im Gange. Auch das beschäftigt Gauland, wenngleich er es zu verbergen sucht. Zum Beispiel, wenn er den Berliner Journalisten beiläufig fragt: «Sagen Sie mal, ist Frau Giffey wirklich so gut, wie alle sagen?» Die resolute ehemalige Bezirksbürgermeisterin von Neukölln hat eine klare Haltung zu kriminellen Clans, Sozialmissbrauch und Integrationsverweigerern eingenommen und setzt dem Auseinanderdriften der Gesellschaft die Idee eines starken fürsorglichen Staates entgegen. Damit vertritt sie auch als Bundesministerin Positionen, mit denen ihr Vorgänger im Rathaus, Heinz Buschkowsky, schon früh Menschen überzeugte, die sich durch die Regierungsparteien nicht mehr vertreten sahen. Der meinungsstarke SPD-Mann und heutige *Bild*-Kolumnist ist bei Gaulands AfD-Klientel äußerst beliebt, gilt als einer, der sich nicht nach dem Mainstream richtet und nicht in den Zwängen der politischen Korrektheit gefangen ist.

In ihrem Problembezirk konnte auch Franziska Giffey vielen Menschen vermitteln, was ihnen in Zeiten großer Unsicherheit bei den meisten Politikern fehlt: Nähe und ein aufrichtiges Interesse für ihre Sorgen und Nöte. Über solche Politiker soll nun die Rückeroberung der Deutungshoheit gelingen. Sie sind das Gegengift gegen die AfD. Politiker, die offen Probleme ansprechen, an denen sich seine Bewegung entzündet, begreift Gauland als Bedrohung für seine Partei. Zumal wenn an ihnen die strategischen Provokationen der AfD abperlen wie sonst nur an der Bundeskanzlerin.

Der Stresstest ist also in vollem Gange. Und vieles deutet darauf hin, dass die Demokratie ihn besteht. Auf Druck der Straße und aus Angst vor den Wählerwanderungen in Richtung AfD haben viele Politiker begonnen, über Wege nachzudenken, die Distanz zwischen sich und den Bürgern zu verringern. Aus dem gleichen Grund beschwören Abgeordnete in den verschiedenen Parlamenten die zwischenzeitlich eingeschlafene Debattenkultur. Bürgerbeteiligung wird diskutiert. Unter Druck weiten sich plötzlich verengte Meinungskorridore, öffentlich-rechtliche Rundfunkfunktionäre erlauben Kritik am Dasein in ihrem medialen Elfenbeinturm, Kirchen und Gewerkschaften hinterfragen sich selbst und nicht nur andere.

Auch Konrad Adam findet Gefallen an dem Bild vom Stresstest, spricht aber lieber von seiner Partei als einem «Revitalisierungsinstrument» für die Demokratie. Das würde bedeuten, dass dieses Instrument nach dem Eingriff wieder im Arztkoffer zu verstauen ist, sobald die Belebung erfolgreich war. Dabei lässt Adam allerdings den tiefen Wunsch nach einer Umwälzung der politischen Verhältnisse außer Acht, von dem ein Großteil der AfD-Anhängerschaft erfüllt ist und der kaum noch wegzudenken scheint. Viele in der Bewegung wollen mehr als bloß eine «Revitalisierung» der Republik. Sie wollen das Ganze radikal verändern. Also alles auf den Kopf stellen. Gauland wird sie dabei nicht aufhalten. Den Parteivorsitz wird er nach dem nächsten Wahlparteitag abgeben, so sein Plan. Ungewiss ist, wer nach ihm an der Spitze der AfD stehen wird, in der sich zumeist die Lauten und Radikalen durchsetzen.

Gauland selbst gefällt sich noch immer in der Rolle des konservativen Gentleman, die er früh kultiviert hat und lange Zeit auszufüllen verstand. Doch mit seiner konsequent durchgezogenen Selbstradikalisierung in der AfD ist er aus dieser Rolle gefallen. Gauland ist kein Konservativer mehr. Er will nicht bewahren, sondern zerstören. Und er weist jede Verantwortung für das Gemeinwesen von sich. Adam hat recht, wenn er sagt, dass es Gauland schon lange nicht mehr um das Wohl Deutschlands geht. Gauland und seine Bewegungspartei wollen das Bestehende zerstören, um Platz zu schaffen für eine andere Idee von Deutschland – eine nationalistische, auf Abgrenzung basierende und in Teilen völkische Idee. Das doppelt Zynische daran ist, dass Gauland selbst an diese Idee nicht glaubt, sondern sie ihm nur Mittel zum Zweck ist.

So bleibt, bezogen auf Gauland, die Lesart, dass seine dritte Karriere ein einziger Egotrip ist: Er kennt keine Loyalitäten mehr. Er folgt auch keinen Überzeugungen mehr, weil er keine mehr hat. Nach ihm die Sintflut. Jetzt, da er zum ersten Mal in seinem politischen Leben selbst in der Verantwortung steht, entpuppt er sich als Opportunist und Zyniker, der die Axt an das politische System legt, das für ihn keine Verwendung mehr hatte.

«Hat er uns damals etwas vorgemacht, oder macht er uns heute etwas vor?» Das sei die Frage, die er sich immer wieder stelle, sagt ein ehemaliger Freund, der sich von Gauland abgewandt hat. Er kommt zu einem ganz ähnlichen Schluss: «Ich denke, er macht uns heute etwas vor!» Gauland habe sich nicht mehr gebraucht gefühlt und in der AfD eine Gelegenheit gesehen, sein Leben mit Bedeutung aufzuladen. «In einem Alter, in dem unsere Aufgabe eigentlich darin besteht, unseren Enkeln die Nasen zu putzen.» Nun tauge er als Beleg für den bösen alten Mann.

Gauland selbst gibt sich unbeirrt. In persönlichen Gesprächen zeigt er keinen Anflug eines Zweifels oder gar Reue. Er verhilft Rechtsextremisten zu gesellschaftlichem Zugang, nicht weil er von ihren staatsgefährdenden Zielen überzeugt ist, sondern weil sie seine Sache stark machen. Unter seinen Händen ist der Einfluss der Radikalen deutlich gewachsen. Gauland ist es egal, ob die Sache irgendwann außer Kontrolle geraten könnte. Was danach käme? Ist ihm gleichgültig. In dieser Hinsicht erinnert er an den Zauberlehrling, der die reinigenden Wassermassen nicht mehr zu kontrollieren vermag. Er nimmt das Risiko billigend in Kauf, dass die Demokratie am Ende kippt. Darin liegt seine politische und moralische Schuld.

Dass er sich dabei selbst als Meister des Ausgleichs sieht, nimmt ihn nicht aus der Verantwortung. Im Gegenteil, es beschreibt vielmehr den eiskalten Zynismus, der sein Handeln leitet. «Lesen Sie Talleyrand, wenn Sie Alexander Gauland verstehen wollen.» Diesen Rat gab mir der ehemalige Freund. Und tatsächlich liefert Talleyrand einen Schlüssel für diese Wandlungsfähigkeit. «Das habe ich von meinem großen Vorbild Talleyrand gelernt», bekennt Gauland selbst mit einer ordentlichen Portion Stolz. Dem bemerkenswerten französischen Diplomaten Charles-Maurice de Talleyrand-Périgord gelang es, in sechs verschiedenen Regimen eine führende Rolle einzunehmen, vom Vorabend der Französischen Revolution über die Napoleonische Ära und den Wiener Kongress bis zum Bürgerkönig Louis-Philippe, dem Talleyrand als Botschafter in Großbritannien diente.

Wegen dieser maximalen Anpassungsfähigkeit steht er wie kaum eine zweite historische Figur für politischen Opportunismus. Doch bei aller Verfolgung eigener Interessen konnte Talleyrand «stets für sich in Anspruch nehmen, sein politisches Wollen und Trachten sei dem patriotischen Verlangen verpflichtet gewesen, Frankreichs Ruhm zu mehren, seine Stellung unter den Mächten zu festigen und die innere Stabilität und das Wohlergehen des Landes zu gewährleisten», lautet das Fazit des Biografen Johannes Willms.[2] Von Gauland wird man dies schwerlich behaupten können.

Was ihm gar nicht gefällt, das ist die Frage nach der Verantwortung für die demokratischen Verschiebungen, die Grenzverletzungen, gesteuerten Verwerfungen und die Verrohung der politischen Kultur. Für die Angst, die viele Menschen bei dem Gedanken erfüllt, dass seine Anleitung zur Machtergreifung der AfD tatsächlich zum Ziel führt. Für die Erinnerungen an die dunklen Zeiten in der deutschen Geschichte, die er weckt. Ob er nicht fürchtet, dass die radikalen Geister, die er rief, eines Tages die Oberhand gewinnen? «Dazu wird es nicht kommen.» Warum nicht? «Dafür fällt der Westen bei Wahlen in Deutschland zu sehr ins Gewicht.» Ob er nicht manchmal ein schlechtes Gewissen bei all dem habe? «Nein, was wir machen, ist ja nicht verboten.» Er könne jedenfalls gut schlafen.

Dass seine Zeit in der aktiven Politik allmählich abläuft, ist ihm bewusst. Hilmar Hoffmann hatte zum Abschluss unseres Gesprächs gesagt, Gauland sei jetzt in einem Alter, «in dem er nicht mehr lange tänzeln kann. Die Zeit, die ihm bleibt, wird er für sich nutzen und alles dafür tun, die Nummer 1 zu bleiben», vermutete der 15 Jahre Ältere. «Bis zu dem Punkt, an dem er merkt, er schafft es nicht mehr.» Hilmar Hoffmann ist am 1. Juni dieses Jahres gestorben. Auf der letzten Seite des *Spiegel* stand wie eine Botschaft an Gauland im letzten Satz von der Nachricht seines Todes, dass Hoffmann im hohen Alter vor dem Rechtspopulismus gewarnt habe.[3] Was sie einst wohl über Gauland schreiben werden? Sein Vermächtnis scheint ihm egal zu sein: «Es juckt ihn alles nicht», sagt der frühere Freund.

Dank

Dank schulde ich allen, die mich bei der Arbeit an diesem Buch unterstützt haben. Vor allem den redaktionell Verantwortlichen beim Rundfunk Berlin-Brandenburg (RBB), die es mir ermöglichen, hinter dem Nachrichtengetöse fortwährend nach Zusammenhängen zu suchen und den Dingen auf den Grund zu gehen: Zu diesen Themen gehörten von Anfang an die AfD, die neurechte Bewegung und die gesellschaftlichen Verwerfungen, die ihren gemeinsamen Aufstieg beschleunigt haben. Ebenso die frühzeitige Auseinandersetzung mit Alexander Gauland selbst. Unsere ausführlichen Gespräche über sein politisches Wirken und seine Motive in der AfD haben mir geholfen, die Bewegung besser zu verstehen, mit der er Deutschland von Grund auf verändern will.

Die Idee zu diesem Buch über seinen politischen Lebensweg kam von Teresa Löwe-Bahners, der ich deshalb in besonderem Maße verpflichtet bin. Ferner danke ich Sebastian Ullrich für die langjährige Zusammenarbeit mit seinem Lektorat. Die sehr geschätzten Kollegen Claus-Jürgen Göpfert und Peter Lückemeier haben mir den Einblick in das hessische Polit-Labor ermöglicht. Antje Lemke und Christoph Drude haben meine Arbeit praktisch begleitet.

Anmerkungen

1. Lotse der Bewegung

1 *Alexander Gauland:* Anleitung zum Konservativsein, Berlin 2017, S. 138.
2 Rede beim Kyffhäusertreffen der AfD im Kyffhäuserland, 2.9.2017.
3 http://www.archive.org/stream/DerAngriff-AufsaetzeAusDer-Kampfzeit/GoebbelsJoseph-DerAngriff-AufsaetzeAusDerKampf-zeit1935345S.ScanFraktur#page/n71/mode/2up.
4 *Gauland:* Anleitung (wie Anm. 1), S. 138.
5 «Die Rolle seines Lebens», in: *Die Zeit,* 11.3.2016.

2. Fleisch vom Fleische der CDU

1 *Walter Wallmann:* Im Licht der Paulskirche. Memoiren eines Politischen, Potsdam 2002, S. 139.
2 Ebd., S. 136.
3 *Gauland:* Helmut Kohl. Ein Prinzip, Berlin 1994, S. 9.
4 Ebd., S. 45.
5 Ebd., S. 47.
6 Ebd., S. 50.
7 *Gauland:* Die Deutschen und ihre Geschichte, Berlin 2009.
8 *Gauland:* «Mit Angela Merkel hat die CDU ihre Seele verloren», in: *Die Welt,* 23.6.2011.

3. Den Zeitgeist reiten

1 *Hajo Schumacher:* Roland Koch. Verehrt und verachtet, Frankfurt a.M. 2004, S. 155.

4. Ost-West-Versteher

1 *Gauland:* Die Deutschen und ihre Geschichte, Berlin 2009, S. 101 f.
2 *Eberhard Kolb/Ludwig Richter* (Bearb.): Nationalliberalismus in der Weimarer Republik. Die Führungsgremien der Deutschen Volkspartei 1918–1933, Düsseldorf 1999, S. 861f.
3 *Gauland:* Helmut Kohl. Ein Prinzip, Berlin 1994, S. 16.
4 «Als aus der ‹DDR› die DDR wurde», in: *Die Welt,* 1.8.2009.
5 *Gauland:* Helmut Kohl (wie Anm. 3), S. 90.
6 Ebd., S. 94.
7 Ebd., S. 96.
8 http://faz.net/aktuell/politik/nach-annexion-de-krim-AfD-sprecher-

gauland-aeussert-verständnis-fuer-russland-12859603.html, abgerufen
am 27.4.2018.

9 http://www.AfD-brandenburg.de/brief-an-die-waehler-der-partei-
die-linke/, abgerufen am 27.4.2018.

10 https://AfD-brandenburg.de/eroeffnungsrede-von-dr-alexander-gau-
land/, abgerufen am 29.4.2018.

11 https://www.tagesspiegel.de/berlin/neuer-landtag-in-brandenburg-
AfD-chef-gauland-ueberrascht-seine-gegner/10810156.html, abgerufen am 29.4.2018.

12 http://www.maz.online/Thema/Specials/L/Landtagswahl-2014/Ero-
effnungsrede-von-AfD-Chef-Alexander-Gauland-im-Landtag-Bran-
denburg, abgerufen 29.4.2018.

13 *Ivan Krastev*: «Europa, von Osten aus gesehen», in: *Die Zeit*, 5.7.2018.
Dort auch die folgenden Zitate.

6. Frankfurter Schule

1 *Gauland*: «Das Ende der nationalen Identität», in: *Junge Freiheit*,
10.9.2015.

2 http://www.sueddeutsche.de/politik/proteste-gegen-AfD-aufmarsch-
der-wut-1.2974815-2, abgerufen am 23.4.2018.

3 *Hilmar Hoffmann*: Ihr naht euch wieder, schwankende Gestalten. Erinnerungen, Hamburg 1999, S. 103.

4 https://www.youtube.com/watch?v=u2uFh-iYW4E, abgerufen am
22.4.2017. Zu Dreggers NS-Vergangenheit: *Hans-Peter Klausch*: Brau-
nes Erbe. NS-Vergangenheit hessischer Landtagsabgeordneter der
1.–11. Wahlperiode (1946–1987), Wiesbaden 2011, S. 9.

5 http://m.bpb.de/politik/hintergrund-aktuell/244026/wehrmachtsaus-
stellung, abgerufen am 26.4.2018.

6 *Walter Wallmann* in: Theodor-W.-Adorno-Preis 1980 der Stadt
Frankfurt am Main, Frankfurt a. M. 1981, S. 4.

7 Ebd., S. 6.

8 *Wallmann*: Im Licht der Paulskirche. Memoiren eines Politischen,
Potsdam 2010, S. 129.

9 «Frankfurter Gesichter: Alexander Gauland», in: FAZ, 15.1.1983.

10 *Hoffmann*: Ihr naht euch (wie Anm. 3) S. 170.

11 Ebd., S. 162.

7. Er war Tronkenburg

1 *Wallmann*: Im Licht der Paulskirche. Memoiren eines Politischen,
Potsdam 2010, S. 152.

2 *Martin Walser*: Finks Krieg, Frankfurt a. M. 1998, S. 12.

3 Ebd., S. 11.

4 *Gauland*: «Ich war Tronkenburg», in: FAZ, 2.3.1996.
5 Zitiert nach: *Hajo Schumacher*: Roland Koch. Verehrt und verachtet, Frankfurt a. M. 2004, S. 84f.
6 *Walser*: Finks Krieg (wie Anm. 2), S. 112.

8. Sein Spiel mit der «Lügenpresse»

1 «Ich habe großes Vertrauen in die neue, junge Führung der AfD», in: *Die Zeit*, 29.5.2018.
2 «Wir machen dich platt!», in: FAZ, 30.12.2014.
3 «Wie man Kredit verspielt», in: *Junge Freiheit*, 23.2.2018.

9. Club der schönen Seelen

1 Zitiert nach: «Offene Partie», in: *Der Spiegel*, 25/1993.
2 Gauland ist auch Mitglied in der «Frankfurter Gesellschaft für Handel, Industrie und Wissenschaft», dem anderen vornehmen Club der Stadt.
3 *Joschka Fischer*: Die Linke nach dem Sozialismus, Hamburg 1992.
4 *Jutta Ditfurth*: Das waren die Grünen, München 2001, S. 280.
5 *Gauland*: «Warum nicht Reue im Stillen?», in: FAZ, 16.11.1992.
6 *Wallmann*: Im Licht der Paulskirche. Memoiren eines Politischen, Potsdam 2002, S. 141.
7 *Gauland*: «Land zwischen oder und nirgendwo», in: *Der Tagesspiegel*, 9.7.2011.
8 «Früherer Kämmerer führt die Euro-Kritiker an», in: *Frankfurter Neue Presse*, 7.5.2013.

10. Unter alten Männern

1 https://www.welt.de/politik/deutschland/article1096606449/Enttaeutschte_CDU-Politiker-gruenden-Wahlalternative.html, abgerufen am 12.5.2018.
2 *Volker Weiß*: Die autoritäre Revolte, Stuttgart 2017, S. 83.
3 ARD-Politmagazin «Panorama», 17.12.2015.
4 WDR-Westpol, 13.12.2015.
5 *Wallmann*: Im Licht der Paulskirche. Memoiren eines Politischen, Potsdam 2002, S. 102f.
6 https://www.tagblatt.de/Nachrichten/Tuebinger-Professor-enttaeuscht-ueber-Kurs-und-Stil-de-AfD-227283.html, abgerufen am 20.5.2018.

11. Auf der Lauer

1 http://www.rbb24.de/extra/landtagswahl-brandenburg-2014/bei-traege/bericht--AfD-will-mehrere-abgeordnete-loswerden.html, ab-gerufen am 18.4.2018.

12. Am Beispiel der Grünen

1 Gauland im Gespräch mit «Phoenix» zur Wahl des Parlamentarischen Kontrollgremiums, 18.1.2018.
2 http://www.fr.de/frankfurter-AfD-gefuehl-des-ausgeliefertseins-a-564072, abgerufen am 4.5.2018.
3 *Gauland*: «Mit Angela Merkel hat die CDU ihre Seele verloren», in: *Die Welt*, 23.6.2011.
4 Alternative für Deutschland, Bundesvorstand GP/RE 2016 - 12 - 22, «AfD-Manifest 2017», S. 8.
5 Ebd., S. 8 f.
6 Gauland in «ZDF – Lanz», 3.10.2017.
7 *Claus-Jürgen Göpfert*: «Von Realos und Fundis», in: *Frankfurter Rundschau* – Geschichte, Frankfurt a. M. 2014, S. 23.
8 *Ditfurth*: Das waren die Grünen, München 2001, S. 104.
9 Göpfert: «Von Realos und Fundis» (wie Anm. 7), S. 25.
10 *Ditfurth*: Das waren die Grünen (wie Anm. 8), S. 57.
11 Zitiert nach: *Thomas Wagner*: Die Angstmacher. 1968 und die Neuen Rechten, Berlin 2017, S. 229.

13. Unter Rechten

1 Als Reporter für *spiegel.de* vom 12.2. bis 14.2.2010 in Dresden.
2 *Wagner*: Die Angstmacher. 1968 und die neuen Neuen Rechten, Berlin 2017, S. 12 f.
3 *Göpfert*: «Von Realos und Fundis», in: *Frankfurter Rundschau* – Geschichte, Frankfurt a. M. 2014, S. 24 f.

14. Stresstest für die Demokratie

1 *Martin Machowecz*: «Ein neuer Salon in Berlin», in: *Die Zeit*, 22.3.2018.
2 *Johannes Willms*: Talleyrand. Virtuose der Macht 1754–1838, München 2013, S. 316.
3 Nachrufe, Hilmar Hoffmann 92, *Der Spiegel*, S. 125, 9.6.2018.

Literatur

Ditfurth, Jutta: Das waren die Grünen, München 2001

Festschrift Theodor-W.-Adorno-Preis 1980, hrsg. vom Dezernat Kultur und Freizeit der Stadt Frankfurt am Main, Frankfurt a. M. 1981

Frankfurt am Main. Die Geschichte der Stadt, hrsg. von der Frankfurter Historischen Kommission, Sigmaringen ²1994

Gauland, Alexander: Das Legitimitätsprinzip in der Staatenpraxis seit dem Wiener Kongress, Berlin 1971

Ders.: Helmut Kohl. Ein Prinzip, Berlin 1994

Ders.: Anleitung zum Konservativsein, München 2002

Ders.: Anleitung zum Konservativsein (erweiterte Fassung der Ausgabe von 2002), Berlin 2017

Ders.: Die Deutschen und ihre Geschichte, Berlin 2009

Ders.: Fürst Eulenburg – ein preußischer Edelmann, Potsdam 2010

Ders.: Gemeine und Lords. Porträt einer politischen Klasse, Frankfurt a. M. 1989

Göpfert, Claus-Jürgen: Der Kulturpolitiker – Hilmar Hoffmann. Leben und Werk», Frankfurt a. M. 2015

Hoffmann, Hilmar: Ihr naht Euch wieder, schwankende Gestalten. Erinnerungen, Hamburg 1999

Krastev, Ivan: Europadämmerung. Ein Essay, Berlin 2017

Lucke, Albrecht von: «50 Jahre Revolte: Von der APO zur AfD», in: Blätter für deutsche und internationale Politik, Berlin 2018

Rothberg, Joachim/Zimmer, Matthias (Hrsg.): Aus Liebe zu Frankfurt – Erinnerungen und Streiflichter aus 60 Jahren CDU, Frankfurt a. M. 2005

Scholz, Carola: Frankfurt – eine Stadt wird verkauft, Frankfurt a. M. 1989

Schumacher, Hajo: Roland Koch – verehrt und verachtet, Frankfurt a. M. 2004

Sternberg, Thomas/Gauland, Alexander: Sorge ums Abendland? Ein Streitgespräch, Leipzig 2016

Wagner, Thomas: Die Angstmacher. 1968 und die Neuen Rechten, Berlin 2017

Wallmann, Walter: Im Licht der Paulskirche. Memoiren eines Politischen, Potsdam 2010

Walser, Martin: Finks Krieg, Frankfurt a. M. 1998

Weiß, Volker: Die autoritäre Revolte, Stuttgart 2017

Willms, Johannes: Talleyrand. Virtuose der Macht 1754–1838, München 2013

Zehetmair, Hans (Hg.): Zukunft braucht Konservative, Freiburg 2009